# 超越原生家庭

罗清军——著



天津出版传媒集团
天津科学技术出版社

**图书在版编目（CIP）数据**

超越原生家庭 / 罗清军著. -- 天津 : 天津科学技术出版社, 2021.9

ISBN 978-7-5576-9621-4

Ⅰ. ①超… Ⅱ. ①罗… Ⅲ. ①家庭关系－通俗读物 Ⅳ. ①C913.11-49

中国版本图书馆CIP数据核字(2021)第164896号

---

超越原生家庭

CHAOYUE YUANSHENG JIATING

责任编辑：杜宇琪

出　　版：天津出版传媒集团 / 天津科学技术出版社

地　　址：天津市西康路35号

邮　　编：300051

电　　话：（022）23332695

网　　址：www.tjkjcbs.com.cn

发　　行：新华书店经销

印　　刷：唐山市铭诚印刷有限公司

---

开本 880×1230　　1/32　　印张6.5　　字数 120 000

2021年9月第1版第1次印刷

定价：42.00元

# 推荐语

《超越原生家庭》是一本好书，为罗清军点赞。

——哈佛大学心理学博士、首都师范大学教授　岳晓东

家庭教育是一门非常重要的学问，向读者推荐此书。

——畅销书《直击本质：洞察事物底层逻辑的思考方法》作者　艾菲

本书从不同的视角，结合国情和文化，对家庭治疗进行了独到的诠释。在守寡式婚姻、丧偶式育儿、留守儿童、单亲家庭、二胎家庭等问题上有着清晰的认知，是一部值得推荐的家庭教育好书。

——著名临床心理治疗专家　寇觉中

女性的最好状态，是时常觉察到自己当下的感受，是善于发现并运用生活中的资源去丰富自己的内涵。

——中科博爱心理医学研究院院长　傅春胜

也许原生家庭没有成就更好的你，但罗老师的新书给了我们每个人一个新机会。

——壹心理创始人　黄伟强

罗清军老师以“关系”为视角，剖析了一个人成长过程中的多个角色，帮助我们从原生家庭中获取能量，在新生家庭中学会成长。我推荐大家看看这本书。

——国内实战派心理咨询专家　张久祥

这是一本关于家庭治疗的教科书，理论清晰，案例众多，又带有独立思考。

——幸知在线创始人　潘幸知

成长的目的不是为了更完美，而是为了更完整。罗老师的书，让我相信——每个人都有能力从爱的匮乏状态中成长起来，在关系中认识自己、疗愈自己、活出自己，将生命的光彩延续下去。

——清华大学管理学博士、Gallup 全球认证优势教练　刘佳

好的原生家庭是助力，不好的原生家庭也可以产生动力。每一个天生不凡的人，唯有绽放才是最好的感恩。

——豹变 IP 创始人、豹变商学院院长　张大豆

每个人通常都有四种基本心理需求——关系、独立、快乐和自我价值认可，而本书恰好满足了你对上述心理需求的探究过程。读者能从本书中体会到家庭心理治疗的神奇魅力。

——前央视主持人、家庭治疗师　许川

这是一部优秀的作品，罗老师从心理学的角度把原生家庭、自我成长和教育孩子三者之间的关系做了深刻的剖析。

——微表情心理专家、《极限挑战》特邀心理嘉宾　纪宇

读了本书之后，相信你能借此理清自己和父母的关系，还能更好地做自己，做伴侣，做父母。

——资深内容 IP 孵化人、前互联网巨头企业主编　方够

我没吃过糖，以为盐就是糖；我没穿过高跟鞋，以为踮起脚走路就像穿了高跟鞋；我没被爱抚过，以为打和骂就是爱抚；我没有选择的权利，以为他们给的就是我想要的。走出原生家庭，我才认识了真实的世界。

——畅销书《在抑郁这件事上，你并不孤独》作者　所长任有病

本书是每位女性的福音，每一节都能帮你与原生家庭更好共处。

——跨境社交新零售先行者、女性社群领袖　吉吉姐

这本书立足女性的自我认知和成长，并讨论个体在原生家庭和新生家庭中的角色变化，特别难能可贵地给了女性许多启示。

——中科华希心理健康管理（山东）有限公司董事长　苏本娴

# 推荐序

## 接纳比质疑更重要

家，对每个中国人来说都意义非凡。谈论家庭的时候，总绕不开"关系"，而人本来就生活在"关系"的网络里：和父母的关系、家族的关系、伴侣的关系、孩子的关系，以及和自己的关系。随着社会的发展，很多人事业有成，却处理不好家庭问题。有些人的家庭甚至变成了战场，家事成了难事。

如何更好地认识原生家庭，了解原生家庭的影响呢？本书从心理学的视角，对不同的关系以及关系里的角色做了深入探讨。

有人生活在原生家庭的束缚里，导致走不进婚姻，做不好父母。其实，原生家庭只是塑造了我们的过去，并不能决定我们的现在和未来。只有放下对原生家庭的"偏执"，才能让爱与真实的力量指引我们勇敢前行。

在这本书中，罗老师从丰富的实践经验里总结、提炼了非常实用的亲子关系经验——接纳是最有力量的治愈途径！问题都是头脑生成出来的，也许世上本来没有什么问题，祝你和孩子在没有问题的世界里幸福、快乐。

——中国首席婚恋服务专家、百合网联合创始人之一　慕岩

# 序言

## 没有完美的原生家庭

我们明白，环境塑造人，也能影响人，现实的情况是：大部分人在童年的成长环境中伤痕累累。

我们期待做一个好妈妈，做一个好伴侣，做一个好儿女，可现实却总是事与愿违。

“如何更好地成为自己”是关乎幸福的思考，那么，如何在不完满的人生中，获取持久的幸福感和满足感呢？

有人在迷思，有人在沉沦，也有人在学习、成长和觉醒。

很多成年人，做了妈妈就忘了自己也是一个女人，当了家长就忘了自己曾经也是孩子。使劲地去扮演家长的角色，用力过猛，结果却辛苦自己，为难孩子。究其原因，是不知道如何正确地给予，所以带给别人的往往是伤害。

古希腊有这样一句哲言“人啊，认识你自己”和《道德经》中的“知人者智，自知者明”有着跨时空的契合。

认识自己、做好自己，是一个人成长的根本，是家庭幸福的基础，是成为优秀家长的要诀。

基于咨询工作，我发现了一个重要的基本规律：早年父母与你的关系，内化成长大后你与自己的关系，进而影响到成年后你和其他人的关系，包括你与伴侣、孩子的关系。

如果没有专业的干预和自我的成长，这种状况会一代代地延续下去。

成长的核心永远是修炼自己、疗愈创伤、自我成长，做到这些才能与原生家庭和解，与爱人关系和谐，与孩子相处融洽。

看清楚这些，我们就有了清晰的方向，这也是本书的根本立意。我们应该明白：①妈妈的第一角色是她自己，需要与原生家庭和解；②深入了解中国式家庭关系，通过现象看本质，透过行为看动机；③回归自我，持续成长；④婚姻是一场缘遇，在彼此的摩擦和陪伴中成长、修行；⑤用心去读懂孩子，给予孩子恰到好处的爱；⑥持续学习，陪伴孩子健康、快乐地成长。

希望你能活成自己喜欢的样子，去影响身边的人。

希望你永远不会对爱失望，能保护好自己，还有自己的爱人和孩子。

某一天，当阳光洒在每个人的头顶上，我们能心生感叹：虽然我们都曾受过伤，但可以拥有美好的人生。

——罗清军

# 目录

## 第一章 为什么我们总和父母一样



## 第二章 我们在家中扮演的角色

## 第三章 放弃成为“超人”



## 第四章 谁才是夫妻关系的隐形“杀手”



## 第五章 与孩子建立日常联结

# 第一章

# 为什么我们总和父母一样

# 如何走出原生家庭的负面影响

俗话说，父母是孩子的第一任老师；小小的温暖的港湾——“家”，是孩子的第一所学校。一个孩子能否快乐成长、能否成才，与他的家庭息息相关。

身为父母，我们都真心希望孩子快乐成长、幸福生活，这背后就需要家庭这个温暖港湾的鼎力相助。那么，我们怎么做，才能创造一个良好的家庭环境，做孩子背后最有力的后盾呢？

有些家庭很重视言传身教，父母积极主动地为孩子做出榜样示范，让孩子观察和学习。只有用心的陪伴，才能让孩子与父母亲密无间。有的父母很容易情绪失控，一言不合就怒火冲天，蛮横强势，教育效果非常不好。父母需要营造良好的家庭氛围，全心全意地陪伴孩子，才能让亲子关系和谐融洽。

有的家长牺牲了亲子时间来换取自己的自由时间，家庭成员之间除了吃饭之外，几乎没有任何交流。你是否想过，妈妈和孩子，本该是世界上最亲密的关系？有了妈妈的陪伴，孩子应该是自由自在的，快乐翱翔的。但实际上，有太多的妈妈，以“为你好”为名义，忽略了孩子的需要，反而责怪孩子不够听话。

心理学上有一个概念：无条件的爱。对父母来说，当孩子做了好事，他们会表扬孩子；当孩子做了错事，他们会批评孩子。但无论孩子做了什么，妈妈对孩子的爱，不是因为“你听从于我”，而是“你值得被爱”。

最好的父母是做一个能够随时敞开心扉的容器，包容和接纳孩子的一切，让孩子有一个坚实的后盾，勇敢无畏地做自己，展现自己。如果孩子长大以后唯唯诺诺，成为一个不敢表达自己真实感受和想法的人，肯定是我们都不希望看到的。

好的家庭会给予孩子自由表达感受和想法的机会，父母会耐心、认真地倾听，为孩子的成长提供建议和指导。而有些与之相反的家庭主要是以惩罚为主，孩子的行为必须以父母的喜好为准绳，父母不会考虑孩子的感受。父母认为是错的事，孩子就不可以做；父母认为是对的事，孩子就必须完成，否则，孩子将会受到惩罚。

在孩子的成长道路上，少不了磕磕绊绊，孩子犯错是很正常的。当孩子受挫时，好的家庭会给予他强大的精神支持，引导他一步步克服困难，比如，如何收拾打碎的杯子、如何交朋友、如何安排自己的时间。而有的父母庭则会选择指责孩子。

我们往往会把原生家庭的痛苦带入到自己的婚姻生活中，很多时候，我们无形中会期望伴侣给予自己那些从小缺失的关爱，这些关爱被称为“心理营养”。

原生家庭的缺憾并不是没有解决的办法，一段美好的亲密关系，一个能够弥补童年遗憾的伴侣，都能让人慢慢疗愈，渐渐成长。无论是名著中的简·爱，还是2019年热播剧中的苏明玉，都在亲密关系中得到了足够的“心理营养”，内心变得丰盈起来，心灵得到了爱的滋养。

婚姻不仅仅是找个人搭伙过日子，更需要的是彼此滋养，彼此成就，把对方变成更好的人，并且让自己成为更好的人，为孩子提供一个更完善和圆满的家庭环境。

小贴士

好的家庭会给予孩子自由表达自己感受和想法的机会，父母会耐心、认真地倾听，为孩子的成长提供建议和指导。

## 不想长大的背后

每个人心中，都住着一个不想长大的自己。我们常常听到身边的人自称“宝宝”“小可爱”，从本质上讲，在中国，大多数成年人的心理水平还处于婴儿期。

相信你会经常见到这样的家庭：父亲把自己的父母放在第一位，把孩子放在第二位，把亲人和工作放在第三位，而妻子总是被放在最后一位。尤其是当婆媳之间发生争吵时，部分男人们几乎总是会站在自己的母亲这边。你有没有见过这样一种情况：看上去似乎行动不便的老年人为了占座而变身体育健将。为了争抢一个座位，他们会破口大骂，甚至大打出手。为什么这些人如此易怒，一个座位真的有那么重要吗？

心理学家武志红说：巨婴，就是指成年婴儿。他们的身体和年龄是成人，但心理上还处在吃奶的婴儿期。很多看上去处事老练沉稳的人，在情感中依然像个 3 岁的孩子，身体看起来健壮有力，追求温暖的方式却是笨拙、吃力的。

我们该如何长大？

在情感关系中，我们常常发现自己都像是被困在某个年龄段的孩子。这是为什么呢？如果我们不知道真相，别人就更难知道真相。总是做孩子的成人，无论是面对自己还是他人，不容易展现出成熟的一面。而总是充当老大的孩子，也很难让自己在别人面前展示出自己柔弱、需要被照顾的一面。

生命的成长在于“矫正性”的情感体验，之后，才能真正开始完成人格的整合。

比如下面的这个场景：小孩子心性的丈夫和强势的妻子，发现双方都忘记了接孩子。在这种情况下，强势的妻子往往有以下两种选择。

第一个选择：她会因为无法容忍这种她认为愚蠢的行为而情绪失控。妻子会觉得，连接孩子放学都能忘记的男人，怎么能值得信任呢？还能指望他什么呢？我们回溯到她的童年时期，她的母亲也曾用非常鄙夷的口气和她说过同样的话。孩童时期的她不能选择软弱，因为这样会成为妈妈的累赘；她不能孩子气，因为不想让妈妈承担更多。她不能让这个不被爸爸爱的脆弱女人再受到伤害了，所以虽然还是个孩子，却总期盼着自己迅速长大。

而在成年后的婚姻生活中，她发现自己的丈夫几乎没有生活自理能力，这对她来说是一个致命的打击。她不知道，这个男人最关心的是享受快乐，生活中琐碎的事情对他来说无趣得很，他是一个有趣的人，在处理这些无趣的事情方面却一筹莫展。可以说，现在的妻子几乎是小时候妈妈的翻版：当自己不得不做很多家务、操持这个家时，“大宝宝”般的丈夫什么都不挂在心上，尽管放心地睡大觉。她心中充满了愤怒。所以她在无意识中重复了妈妈对她使用的方式，试图获得更多的关心和爱护，但这样的方式在另外一个“小男孩式”的男人身上并不适用，她并没有获得想要的反馈，这对她来说无疑是个致命的打击。

天真无邪的“大宝宝”式的男人之所以会这样，是因为在他的原生家庭中，他总是被父母批评得体无完肤，只有当他呈现自己天真的一面时，才会获得父母的认可，所以他最害怕的就是冲突。忘记接孩子之后，他也许早就在内心责怪自己无数次了，所以面对妻子的指责，随便一句话就会让他感到崩溃。妻子的指责并不能有效地解决问题。

第二个选择：意识到自己在重复过去。妻子意识到自己的行为是在不断地重复过去，她正在制造另一个痛苦的自己。当她意识到自己的行为会受到小时候经历的影响时，尽管当下还是有情绪，但是她可以选择有意识地平复自己，不再将丈夫想象成自己小时候期待的那个父亲，不再把对父亲的不满迁怒到丈夫身上。而是打开内心，看到丈夫的内心也是渴望承担责任的。妻子会鼓励这个不知所措的丈夫，帮助他成长为一个有足够担当的男人。

她可以说："我对你忘记接孩子放学这件事真的很失望，我甚至想骂你，这样也许会让我一时痛快。但我也知道，你内心已经很自责，你也不愿意这样的事情发生，你也渴望在我面前做一些负责任、有担当的事情，做一个成功的男人。我们可以一起讨论，怎么做才能更好地避免类似事情的发生。"

在这样的情况下，妻子选择了比较符合丈夫内在心理年龄状态的处理方式，并没有按照自己的想象和期待要求对方，而是结合两个人的真实情况"因地制宜"。一种深刻的同理心，不仅能理解自己，也做到了理解他人。但是实际上，能够这样做的人太少，这样的事情做起来也太难。

每个人都习惯于自己的行为模式，希望能找到一个完美的"父亲"或"母亲"对自己负责，在这个世界上为我们遮风挡雨。我们不愿意成长和不愿意面对自己的最大难点，就是我们太难察觉到自己曾经的遗憾和悲哀。

其实我们的成长在于修炼自己，反思自己的行为方式是否合理，这才是成长的真正意义。控制自己的行为，反思自己的想法，是经营好一份关系的捷径，也是成长的捷径。

按照思维的惯性和条件反射，我们会沉浸在过去对我们带来的影响中，这种无意识的影响会让我们把当下和未来都过成过去生活的翻版。无法面对真实的自己，我们也将会慢慢失去真实的自己和真实的世界，最终只是按照想象和其他人似是而非地生活在一起。

做出选择好难，真正地反思自己也好难。这个行为需要很长的过程，我们可以逐步认识自己，认识自己才能更真实地认识他人，才能过上幸福的生活。当我们真正这么做的时候，我们会发现，爱不是让我们自己变成孩子，而是让我们从孩子的角度出发，重新审视自己。

所以，从现在起，改变对待自己和对待他人的方式吧！将原生家庭中对父母的期待转移到自己的内在中去。像你想象中的一直期待着的父母那样来对待自己吧，接受自己内心的这个小孩，从接纳他的一切开始，给予对方鼓励、依靠、温暖、关怀、勇气……这样他才会真正地开始长大。

小贴士

我们的成长在于修炼自己，思考自己的行为方式是否合理，这才是成长的真正意义。控制自己的行为，反思自己的想法，是经营好一份关系的捷径，也是成长的捷径。

## 从来没有完美的原生家庭

因为童年的一些不好的经历，如父母的争吵、离婚、家暴，让许多女性朋友变得对自己没有信心，对未来也没有期盼，对婚姻更是失望。可是，生活仍在继续前行，我们不能因为过去而丧失了对未来的美好期盼，我们需要做的是正视过往并自我疗愈。

弗洛伊德认为，一个人童年时期的经历也许会随着时光的流逝逐渐被淡忘，甚至在人的脑海里消失掉，但这些经历会顽固地潜藏在人的潜意识中，对人产生持久的影响。

因此，童年遭受过不幸，或是在压抑中成长起来的孩子，长大之后，这些经历也会影响他们的生活，甚至对他们产生极其不好的影响。

很多人都知道，童年的经历对成长有很大的影响。如果童年时快乐，长大后也会快乐。反之，如果童年时期经历诸多坎坷，长大后这些坎坷也会伴随我们一生。

童年遭遇不幸的人，往往一生都带着童年创伤在艰难地成长。如果“成为合格的父母”是一门课程的话，我想大多数的父母都是不及格的。

那些童年时期印象深刻的感受或者经历，哪怕只有短短 5 分钟，对有些人来讲甚至胜过他们成人后一年的经历。

那么，童年的创伤对我们有哪些影响呢？

### 1. 共依存

有一种“身份丧失”的疾病，表现为一个人的内在需要和欲望产生脱节。童年时期，孩子需要安全感和健康的情绪模式，才能够了解到自己真实的内在感受和想法，产生对自我的一种清晰认识。有时他们也需要有人帮助，把思想与情感区分出来。但是，如果家庭环境里充满了不安的气氛，例如父母之间的争吵，这个孩子就会把原本关注自我发展的焦点投注到外在环境中，时间久了，他就失去了自尊和自我。接下来他就会遭到自我放逐，必须从外界寻找满足感。

### 2. 侵犯行为

受虐的孩子长大后成为罪犯的可能性很大，这个过程叫作“与犯罪者的认同”。对孩子来说，性、身体和情感上的暴力对他们的惊吓太大，所以在受虐的过程中，他无法停留在自己的世界里面。为了熬过这种痛苦，他会丧失掉对他本人身份的一切认同，转化成为“与犯罪者的认同”。当你无法将心理的痛苦消灭掉的时候，你只有通过伤害你周围的人来减轻你的痛苦，这个过程是不受控制的，也许过后你会后悔，可是在当时你完全意识不到。

### 3. 不实际的幻想

父母总会和孩子讲：“你看看你做的好事，你让妈妈好难过。”“你可高兴了吧？你把爸爸惹火了。”这无异于误导孩子，他们的行为要直接为别人的感受负责。甚至还有一种更不切实际的表达：“我知道你在想什么。”

误导之下长大的孩子很容易产生不实际的幻想，例如：“如果我变得有钱，我就会安全了。”“如果我的爱人离我而去，我就会死掉。”“如果我努力，这个世界就会回报我。”“只要我坚持，一定会发生奇迹。”

但其实这些想法之间不存在必然的逻辑性，更别说现实性了，虚幻的想法总是不切实际。

### 4. 内在与外在的实现行为

“外在实现”的表现是：人们会伴随着情绪将未被满足的需求释放出来，比如：在别人的身上重施暴力、叛逆、乱发脾气。

“内在实现”的表现是：在自己身上重复过去所遭受的虐待或痛苦。这种向内实现的情感力量，不仅会误导我们用童年遭受的惩罚方式继续惩罚自己，还可能导致一系列严重的生理问题，比如：肠胃疾病、头疼、背疼、关节炎、哮喘、心脏病、癌症等。

### 5. 亲密关系的失常

当孩子真实的需求和欲望不能被父母所满足时，依恋关系就会让孩子逐渐排斥自己的真实自我。那时，一个像剧本一样的“假我”就在孩子的世界里建立了。

时日一久，“假我”就变成了他所以为的自己，而忘记了这个“假我”只是一个应变措施，是按照别人的剧本上演的一幕戏而已。如果你不知自己是谁，就无法与人亲近。父母应该做的是低下头来，了解孩子的真实自我，接受孩子的真实自我。

### 6. 丧失疆界

每个人都有属于自己的疆域，就像国防线一样坚固、清晰。身体疆界能够保护我们的身体避免受到损伤，心理疆界可以保护我们不受到违背个人意愿的性侵害，情感疆界划分了我们可接受的感情的范围，智力疆界和精神疆界决定了我们的信念和看待世界的方式。这些疆界让我们更好地成为自己，让我们明白，我们的感受何时是有关自己的，何时是有关别人的。

当一个孩子遭遇父母的虐待而受伤时，他的这些疆界就会受到破坏。要知道，当一个人对自己有清晰的疆界认识时，他知道自己是谁，能对自我有一个清楚的认识，他拥有建立价值感和自信心的能力。因此，他不怕被别人欺骗，也不恐惧遭人遗弃。而那些疆界受到破坏的孩子，会失去对别人说“不”的能力，会分不清楚什么是自己的，什么是别人的。他们不清楚自己要什么，进而无法与别人建立真正的亲密关系。

心理学家埃里克森提出，当人进入成年期之后，除了完成自己本身的成长任务，同时还肩负着另一个巨大的使命，那就是：修复由于童年创伤而缺失的品质，从而让自己成为一个更完整的人。

大多数父母总是不明白，小孩得到的爱、受到的教育，可以影响他们整个成长的轨迹，甚至一生。

**小贴士**

我们都说父母是孩子的第一任老师，也是孩子最亲近的人，父母对孩子的成长起着至关重要的作用，所以和谐、温暖的家庭环境和良好的亲子关系会让孩子受益一生。

## 童年的创伤，应该如何治愈

这是一位女性朋友的故事：在 9 岁之前，她是家里的小公主。9 岁之后，为了能上更好的学校，父母把她送到了市里的姑姑家。在姑姑家，一切都变了，她从小公主变成了灰姑娘，给表姐叠被子，捡掉在地上的菜吃，在深夜里痛哭流涕。结婚后，她与丈夫、公婆关系都不错，但对自己的女儿却始终无法像其他母女般正常相处。明明很爱自己的女儿，但是每次看到女儿，就忍不住想起曾经在姑姑家受到的委屈。每次都把想亲近自己的女儿推远，或者刻意回避。她询问我如何改变这种现状。她想让女儿做她的贴心小棉袄。

听完这个朋友的经历，我很心疼。她不接受女儿，是因为无法接受曾经在姑姑家的自己。

童年时期的创伤不仅在精神和心理的层面深深地影响着我们，其实对身体的影响也是非常大的。

童年时期的创伤甚至会影响我们的潜意识。潜意识的厉害之处就在于，它能创造现实，你潜意识里相信什么，世界就会以什么样的现实呈现给你。不妨看看周围的人，那些抱怨男人没一个好东西的女人，是不是每次谈恋爱都人财两空；认为这个世界还是好人多的，是不是经历苦难时总有意料之外的贵人相助。那些认为社会黑暗的人，是不是经常会陷入被算计的惊险境地；那些相信世界美好的人，即便平时擅长算计，相处起来也会变得简单。我们与社会的关系，不过是在一次又一次地重复体验童年时期熟悉的感觉。

你需要接受、拥抱童年的那个自己。而拥抱童年的自己，是疗愈的开始。

不管你是20岁，还是30岁，或是50岁，在那些未治愈的创伤面前，你永远是个孩子。过去的记忆一直伴随着我们，要想摆脱他们，我们只需把那些束缚心灵的怨恨、恐惧、依赖和失望全部丢掉。

你要去发现那些创伤，然后，去疗愈它们。

我们都不想遭受童年经历带来的创伤，但是它已经存在，你确实要付出比其他人更多的努力，需要更长的过程，去修复，弥补，重建。你只能这样，这是你的任务。你要相信你有超乎想象的能量。那么，该如何疗愈呢？

### 1. 不能接纳童年里的自己

有位老师在萨提亚模式①专业课上遇到过这样的情景：

一个同学站起来提问："老师，不知道为什么我非常讨厌我的女儿，我很想爱她，可是我看到她就很不舒服，很讨厌她。"老师问："你女儿几岁呢？""10岁了。"那个同学回答道。老师看着她的眼睛一字一句地对她说："你真正不能接纳的是10岁时的你自己。"当你读到这里的时候，你的内心有什么感受呢？

童年时期的经历让我们一直心存芥蒂，一直耿耿于怀。但是生活还在继续，接纳童年的自己，拥抱童年的自己，才能让我们的孩子拥有温馨、快乐的童年。

---

① 萨提亚模式：又名萨提亚沟通模式，是由家庭治疗创始人、美国心理治疗师维吉尼亚·萨提亚提出的家庭治疗模式，其最大特点是从家庭、社会等系统方面着手，更全面地处理个人身上所背负的问题。

### 2. 你所讨厌的是你需要去面对的创伤

我在授课中遇到过这样的案例：一位年轻的妈妈对我说："我爱我的女儿，但是如果她特别黏我，想要亲近我的时候，我就受不了，想马上推开孩子，想逃跑。"我问道："只有对孩子你才这样的吗？"她想了想说，对所有人都这样。我继续问她："你在讨厌什么呢？"她回答道："我很讨厌别人黏着我，依恋我的那种感觉。"我接着说："你依恋过谁吗，谁是那个你最想要亲近，最想要黏着的人呢？"她愣住了，泪水浸湿了眼窝，说："是妈妈。"

你是如此爱妈妈，怎么能去责怪妈妈对你的拒绝？怎么能去怨恨呢？你只能够去怨恨自己，只能够去指责那个小女孩："如果不是你非要黏着妈妈，不是你非要赖着她，她就不会一次又一次地拒绝你，都是你的错。"你长大之后，一次一次推开的，其实并不是身边那些爱着你的人，你推开的，是童年的那个自己。

### 3. 你愿意拥抱童年的自己吗

你能不能看到小时候的那个自己？当我们是个小女孩的时候，我们是多么渴望爱，多么渴望拥抱，多么渴望温暖。哪怕只有一次，只要我们能够被妈妈紧紧地拥抱着，我们就能够体会到亲近是多么美好的一件事情。我们就能够明白：我是可爱的，我是被爱着的，我可以如此亲密地和我所爱的人在一起。

童年的我们可能被妈妈拒绝过，当时内心充满了无助、害怕和悲伤。现在的我们难道要重复当年的经历吗？

慢慢走到孩子的身边，俯下身躯，紧紧地把孩子拥抱在怀里。就像你们两个已经融为一体。

你的内心很想抹去或跳过童年的伤痛，回首过去，检视你与父母的关系（包括过去和现在），比讲述生活中的其他压力难得多。

但当你最终把往日的记忆释放掉时，你将体验到前所未有的轻松。

**小贴士**

无论童年发生了什么，时光都无法倒流，我们能做的只能是接纳过去，拥抱现在，创造未来。

## 我们的安全感在哪里

心理学家马斯洛提出，心理健康标准的第一条就是有充分的安全感。安全感是心理健康最重要的因素，可以被称为心理健康的同义词。安全感代表着内心寻求稳定、安全的心理需求。

人的需要可以分为5个层次：生理需要、安全需要、归属与爱的需要、尊重的需要和自我实现的需要。这5个层次是从低到高逐级形成和发展的。一般来说，当低级需要被满足后，才能去发展高级需要。所以，如果一个人的生理需要被满足以后，安全需要就会成为首要的、最重要的需要。他会越来越寻求环境的安全、稳定和保障。如果得不到这样的环境，他就会焦虑，恐惧。

有安全感的人，有良好的自我接纳和自我认同；缺乏安全感的人，内心往往充满自卑和敌对情绪，容易失控，内心有很多冲突。对安全感的渴求不仅仅体现在父母身上，在孩子身上体现得更加明显。缺乏安全感的孩子，会变得非常没有自信，在学习中会害怕回答问题，面对老师的提问，即使知道正确答案，也不敢说出口；在生活中，会表现得小心谨慎，唯唯诺诺，很担心自己做错事情。

那么，安全感如此重要，我们对它了解吗？我们如何建立自己的安全感呢？

## 1. 你需要的安全感，到底是什么

我曾经认识一个女性朋友，她叫陈璐，当时刚刚 30 岁，她工作很好，皮肤保养得非常棒。她非常渴望得到一份长久的感情，身边追求她的人不少，但她却没有勇气接受任何人。在她的内心里，她确信任何人只要跟她接近，都会发现她不值得被爱。在她眼里，喜欢她的人只是还没有看透她，一旦发现了她的真相，就会毅然决然地离开。

为了避免自己受到伤害，即使她很喜欢对方，也会选择在追求者靠近之前就把对方推开。小时候父母离异，她跟着妈妈生活。那时候母女俩相依为命，常常过着艰难而无助的日子。之后妈妈再嫁了没几年，继父也离开了妈妈。每每看到别人家的女儿被父亲宠成小公主，她内心都充满了羡慕，认为一定是因为自己不招人喜欢，才会把爸爸气走，又连累妈妈被继父抛弃。

每个人对安全感的需要都是不同的。童年的经历会影响我们现在的生活。准确认识自我、了解自我，才能找到我们所需要的安全感。

## 2. 爱情，能帮助你寻找更好的自我

在心理学中，有一个描述亲密关系的术语叫“米开朗基罗现象”：亲密关系中的双方是彼此的雕塑师，会通过行为的引导让对方更加趋近（或是远离）各自的理想自我。也就是说，自我的概念在潜移默化中被对方的回应影响，而来自对方的“雕塑”，可能会促成我们的理想自我，也可能使我们感到焦虑和紧张。

比如，假设丈夫认定妻子是个温柔、顺从的女子，而且认为这都是妻子最有魅力的地方，在妻子听从自己的话语时，他可能会加倍宠爱她，相反就会变得非常生气，失望。在这个过程中，丈夫在无意识间已经强化了自己所认同的妻子的行为和特质。长久下去，妻子会发现只有顺从、温柔的自己才会被丈夫接受，而独立、自强的自己并不

被丈夫喜欢。于是她在言行上会慢慢向丈夫所喜欢的方向靠拢，与此同时，因为理想自我中独立自主的部分被压抑，她会感到痛苦和失望。

实际上，即便对方能够认同我们内在的理想自我，但外界的接受、认可却转瞬即逝，深深的无力感和焦虑向我们冲刷而来：即使再努力，我们也总觉得不够，总是担心自己被伤害、被抛弃。而越是担心，越是抓得更紧，紧到让身边的人无法呼吸，甚至逃离。他们的离开，再次印证了我们自己不值得被爱。

### 3. 最踏实的安全感，源自你对自己的肯定

内在家庭系统治疗理论认为：每个人都存在一个核心的本我。本我充满智慧、信心、同理心，具有接受、领导的能力。只有发现本我，我们才能充分地挖掘自己的潜能，有效地调节，安抚内心各种极端的情绪和需求，才有可能在生活中保持真正的平和。

而压制本我，我们的生活容易被各种极端的情绪主导而变得惊慌失措。因此，最踏实的安全感，只有本我才能给你。来自本我的爱和接受，让我们在担心、害怕时，能安抚自己：不怕，有我爱你、陪着你；在担心对方终会离开时，能安抚自己：不怕，有我保护、接受你。

对处于亲密关系中的两个人来说，有时候难免会碰伤对方，爱自己和接受自己的能力便成了感情的“包浆”，让我们与心爱的人心心相连，但不要过度依靠对方。

### 4. 真正的安全感

真正的安全感是接纳并相信当下的自己，虽然自己不完美，虽然自己有伤痕，但是我本来就值得被爱和珍惜。而最踏实的爱，只有本我能给你。无论有没有别人爱你，你都能把全部给你自己，包括害羞的、自卑的、焦虑的自己，给自己一个温暖的拥抱，就像婴儿从母亲

那里得到拥抱一样，然后对自己说：一切都有我在。首先，当你真心接受、疼爱自己，在感情中才能不依赖、少受伤，你的生活才可能有真正的平和、安稳。真正接受、疼爱自己的你，在人生的路上不仅能走得更远、更轻松，也会更加吸引“对”的人爱你。因为爱自己的人，才具备更多接受爱和给予爱的能力。由衷地希望你能宽容地接受自己、疼爱自己，因为你本来就值得被爱。

那么孩子的安全感，我们该如何帮助建立？

（1）看到孩子的情绪。

（2）发生情绪的当下就是建立亲子关系的最佳时机。

（3）接纳和理解孩子的情绪。

（4）帮助孩子认识和表达自己的情绪。

（5）设立边界，引导孩子面对和解决自己的问题。

安全感对人一生的发展极其重要，拥有踏实的安全感的孩子做事坚定，缺乏安全感的孩子则会犹犹豫豫，因为他不知道自己的支撑点在哪里。

**小贴士**

真正的安全感是内心的那份踏实，不是金钱，不是物质，是由内而外的自信。真正的安全感不是源自于他人，而是源自自己。自己给自己的安全感才是真正的安全感。

## 自卑的孩子总是追逐爱

小王是我的朋友，每次见面都会对我说，她一直非常自卑。虽然她的工作很优秀，是别人眼中的成功者，但她就是很自卑，说不上为什么。交谈多了之后，她开始讲述自己的成长经历：她的母亲从小总是打击她，看她哪里都不顺眼，觉得她什么事情都做不好。长大后，她一直活在童年的阴影中。所幸工作之后，她身边很多正能量的朋友，不断地肯定她，她才慢慢找回自信。

每个人的成长都离不开原生家庭的影响。一个自信的人，大多是在其父母的鼓励下长大的孩子。而一个人的不自信可能是来自于小时候原生家庭成员的打击。童年时期的经历对孩子自信的形成至关重要，无论是父母的态度还是行为都对孩子有着重要的影响。长期在父母打击下长大的孩子更容易自卑，而且被摧毁的自信很多时候可能难以恢复。

一个人的自卑，跟原生家庭有很大的关系，那么，什么样的原生家庭培养出来的孩子更容易自卑？

### 1. 喜欢哭穷的父母

很多家长喜欢在孩子面前哭穷，目的是让孩子养成勤俭节约的好习惯。其实，经常在孩子面前哭穷，并不利于孩子养成正确的金钱观。

经常在孩子面前哭穷，会让孩子的内心产生匮乏感，容易形成自卑心理，觉得自己处处不如别人。孩子长大之后，一生都想摆脱贫穷的阴影，这样会过得很累，很不幸福。即使以后变得很有钱，内心也是不自信的。

### 2. 沉默的家庭

有些家庭里父母不爱说话，或者“不会说话”，这会导致整个家都是“沉默”的，感受不到人情冷暖，看不到喜怒哀乐。有的家长抱怨自己的宝宝原本活泼好动，可后来胆子却变得越来越小，而且越来越不喜欢和人说话，总是躲在某个角落里面玩自己的玩具。殊不知，你每天回到家就是躺在沙发上，要么看电视，要么玩手机，孩子跟你说话，你却从来不正眼瞧他，他自然就不愿意说话了。

长期在这种环境下长大的孩子，会误以为父母不喜欢自己，甚至会自责。长此以往，孩子会变得越来越没有信心。

### 3. 暴力家庭

父母之间如果关系不好，经常吵架，甚至大打出手，然后把气撒在孩子身上，孩子会不快乐，感到自卑。如果父母对孩子的教育以暴力为主，动不动就骂孩子、打孩子，会对孩子的心理造成巨大的伤害。他虽然外表很冷漠，内心却很自卑，在行动上很叛逆，甚至会出现暴力倾向。

父母的暴力行为只会让孩子产生强烈的逆反心理，孩子表面上很听话，其实内心有着强烈的抵触情绪。这会导致家长和孩子之间无法真正地交流，孩子长大之后会离父母越来越远，并极易走上自暴自弃之路。

### 4. 否定孩子的家庭

很多家庭的家长总是否定孩子，像小鸡啄米一样去找孩子的一个个缺点，对孩子缺乏鼓励、欣赏、认可和赞美。而且父母总会有自己的说法："我都是为了你好。"

在不被父母肯定的家庭环境中长大的孩子，总会觉得不论自己做得多好，都很难听到父母的一句赞扬。并且，他们很少有机会能让父母安安静静地听自己把话说完。每次都是没等自己说完，父母就开始说个不停。

很多父母最大的缺点就是将孩子看成是自己的私人物品，用自认为对的方式去教育孩子。一旦出现一些所谓的"问题"，马上就指责孩子，或者埋怨自己的另一半，很少反思自己的教育方式。

在这样的家庭环境中长大的孩子，人格是不完整的，自我是压抑的，内心是自卑的，对摆脱束缚的渴望也是很强烈的。

心理学研究发现：你的幸福或者不幸都是自己选择的结果，你的过去并不能够决定你的未来，就看你自己如何去感知这个世界。

心理学家阿德勒曾说，我们每个人都有着不同程度的自卑感，因为我们都想让自己变得更优秀，让自己过更好的生活。

## 自卑普遍存在，我们应该如何克服呢?

### 1. 接纳真实的自我

在成长的过程中，我们会对自己形成一个自我认识，由于外界的影响，这个自我认识可能出现偏差，也就是认为自己不好，认为自己什么都比不上他人，这就是所说的自卑。但其实每个人都是有优点和缺点的，每个人都不是完美的。想要克服自卑，首先就得接纳自己。接纳自己就是要去了解自己，对于自己的优点和缺点都有一个正确的判断，并接受它们。

### 2. 增加自信心

小孩之所以自卑，是因为缺乏满足感和成就感。自卑的小孩长大后往往需要通过他人的评价来证明自己的价值，所以会非常在乎别人看待自己的眼光。我们需要做的是增强自我的成就感，逐步建立自信心。

### 3. 自我的积极暗示

不断地暗示可以让一个人的想法发生改变，每天都告诉自己很棒，找出自己身上的优点，对自己进行积极的自我暗示，调动积极的思维，这样自己也会向积极的一面发展。

每个人在成长过程中，会不同程度地经历一些生活的磨难，自信心的缺失或不足属于正常现象。让自卑转化为前进的动力，才是自卑最好的归宿。每个父母都应该学会跟孩子一起成长，尽力去为孩子创造一个更加健康的成长环境，让孩子充满自信地面对自己的人生和生活。

**小贴士**

物质上的缺失，可以用努力来弥补；但是自信心的缺失，却需要很长时间来修补。要知道，机会永远不会无缘无故地降临到你的身上。一味地缩在自己的世界里，只会让自己走上一事无成的不归路。

# 第二章

# 我们在家中扮演的角色

# 处在变化中的家庭关系

互联网普及之后，现在的家庭生活和以前的家庭生活是截然不同的。

以前的大多数父母会在下班后，顺路买点菜回家做饭，如果有时间就去邻居或朋友家聊天、喝茶；而现在的大多数父母在下班后，则会躺在沙发上浏览朋友圈、微博，估摸着吃饭时间到了，点个外卖。

以前孩子们的快乐就是跟小伙伴们打打闹闹，吃个小零食，买新衣服、新玩具；现在孩子们的快乐很多都建立在手机游戏上。

在快速发展的今天，科技带给了我们越来越多的便利。我们甚至可以不用说一句话，只需对着屏幕点几下，就能满足我们的日常需求。

我们的生活越来越方便，但我们与周围人的交流却越来越少。慢慢地，家庭关系也发生了变化。

家庭关系的定义是什么呢？家庭关系其实是指一定范围内的亲属之间的权利和义务关系，它是基于血缘和法律拟定而成的。

家庭关系中包含了夫妻关系、亲子关系、复式家庭关系。

## 1. 夫妻关系

夫妻关系，是家庭关系中最重要的、影响力最大的一种家庭关系。一个家庭能否和谐、幸福，主要是依靠夫妻关系决定的。和谐的夫妻关系，是子女健康成长最重要的基础。

亲子关系往往超过夫妻关系，这是中国家庭中最常见的家庭关系模式。父母经常干涉成年子女的家庭，新手父母则全心投入育儿之中，经常忽略彼此间的情感建设。事实上，这种家庭出现各种问题的概率是非常大的。心理学家指出，夫妻关系在家庭中应该占主导地位，夫妻关系应该建立在亲子关系之上。如果其他关系超越了夫妻关系，那么这个家庭出现问题的概率会大大增加。

为了避免出现这种错误，夫妻首先应该摆脱对原生家庭的依赖。原生家庭对个人的影响潜移默化、无处不在，深深地印刻在一个人的人格、行为模式中。所以在婚姻中，我们总是不断地在把自己与父母的关系投射到与配偶的关系中。

我们认为婚姻关系是我们与父母的关系的重现。如果想创造全新的生活，夫妻双方需要放弃对各自父母的依赖，在物质生活和精神生活上都有各自独立的空间。即便你的原生家庭非常和睦，依然会给你带来困惑与影响。如果父母在小夫妻的生活上给予过多的关爱和经济支持，反而会使小夫妻感觉生活秩序被扰乱。

强调夫妻关系是第一位，是家庭的基础，并不是说其他关系不重要，而是不要把与孩子、父母、兄弟、姐妹之间的关系凌驾于夫妻关系之上。

老人与孩子当然也需要特别关注和照顾，但请一定明白，夫妻才是伴随一生的伴侣，只有夫妻之间形成坚固的、亲密的、稳定的关系，才能给予一家人美好的未来。

### 2. 亲子关系

亲子关系指的是父母与孩子的关系，这种关系影响着孩子的一生。

健康、良好的亲子关系要优于教育，它是教育的根源，是家庭教育的起点，是孩子一生幸福的关键。

亲子间的互动从孩子的婴儿期就已经开始，并一直起着潜移默化的作用，为孩子以后的行为模式、性格养成提供了方向。亲子互动对孩子来说，对身心健康和人生观、价值观的建立，都有着广泛的影响。需要年轻的父母特别重视。

其中主要的三大影响如下。

（1）对语言发展的影响：在语言方面，妈妈比爸爸的影响要更大一些。

（2）对人格形成的影响：家庭关系不和谐很容易造成孩子结巴、脾气暴躁，甚至在青春期就会触犯法律。

（3）对人际关系的影响：当家庭关系和睦，亲子关系亲密时，孩子会建立良好的人际关系；但是如果孩子在不和谐的亲子关系中成长，他会很难信任他人，也很难建立良好的人际关系。

良好的亲子关系，是个体发展的根本力量，对于孩子日后的人格塑造和社会适应能力，都起着重要的作用。

### 3. 复式家庭

复式家庭泛指三代以上的家庭。其中包含了老一代家长（爷爷、奶奶，或姥姥、姥爷）与其子女（第二代家长）的关系，以及第二代家长与其子女的关系。

复式家庭有很多的益处：老人帮助照看孙辈，给年轻的父母减轻生活负担，并且能给予经济支持，有浓厚的家的氛围，有家庭的文化传承。

复式家庭也有不利之处：最突出的是两代家长的教育理念和方法不一致，造成教育第三代的冲突；一旦婆媳关系处不好，那就充满了苦恼。三代人的和睦相处对孩子的成长极为有利，如果相处不好，就会对孩子造成伤害。

所以，我们要重视家庭成员的交往和沟通，互敬互爱，互相支持，达成一致的生活目标和一致的教育理念，采用基本一致的教育方法，才能培养好孩子。

当家庭成员的教育理念出现分歧时怎么办？

夫妻双方因为各自的成长经历不同，在各自的原生家庭中受到了不同的影响，各自的知识和经验也有差异，所以在教育理念和方法上产生差异是正常的。夫妻之间应该怎么做呢？

（1）应该接纳彼此的差异。

（2）要接纳对方的观念和做法，试图去发现其中合理的地方，不要排斥对方的想法和做法。

（3）不要认为只有你的观念和方法是正确的。

（4）不要试图去说服一个人。

夫妻之间应该是互补的、理解的。凡是涉及教育孩子的大原则问题，需要夫妻共同规划、协商，达成一致。如果彼此的观念和做法都不一致，最痛苦的是孩子，因为他不知道该听谁的。你们的不一致会导致孩子的认知分裂，让孩子不知所措，最终导致不好的结果。

因此，如果要妥善处理家庭成员之间的关系，首先要在教育孩子的问题上达成一致。做好榜样工作，做到家庭和谐，孩子的教育问题一定可以迎刃而解。

**小贴士**

良好的家庭关系不仅对孩子的发展非常有帮助，对夫妻关系的和谐更是有利。

# 原来家也会伤人

列夫·托尔斯泰说："幸福的家庭都是相似的，不幸的家庭各有各的不幸。"每个小孩子都以为所有的家庭都和自己家一样，但长大了之后他会发现，原来很多家庭和自己家不一样，每个家庭有每个家庭的不同。

父母都希望培育出健康、聪明的孩子，但是由于缺乏经验，往往事与愿违。更有甚者，有些孩子会出现一些心理方面的问题。

那么，什么样的孩子容易出现心理问题呢？

容易出现心理问题的孩子一般都比较敏感，情感丰富，很在意别人的看法，很少违背父母和老师的意愿，也很在乎伙伴的意见，凡事尽可能让别人满意，因为不愿意被批评而尽力不犯错误。

聪明、能力强的乖孩子，很容易成为家人的骄傲、老师的自豪和同学的榜样。如果学习成绩、才艺、管理能力等方面均不尽人意，唯一的优点是听话，这样的孩子则很少受到关注，甚至会被严重忽视。

无论是哪一种情况，这种长久的缺乏关照和自我抑制的孩子，迟早都会产生或大或小的心理问题，甚至会影响学业和未来的发展。

孩子年幼的时候，需要父母的指导和帮助。年幼的孩子依赖性强、生活自理能力差、不爱锻炼，如果父母不及时地给予指导和帮助，有些孩子在小学阶段就会出现情绪问题和行为问题。但许多孩子出现问题之后得不到充分的关注和及时的帮助，进入青春期后会出现严重的心理障碍或行为障碍。

如何让孩子拥有一个幸福的童年并健康成长？每个人的家庭可能都不完美，但一定要努力构建一个健康的家庭，这样才能避免伤害孩子，促进孩子健康成长。

### 1. 夫妻和睦，是健康家庭的基石

有些父母关系紧张，却故意在孩子面前表现得很和谐，避免在孩子面前吵架。他们认为，这样做孩子就不会受到他们的影响。然而果真是这样吗？

夫妻关系其实不仅仅是通过语言表现出来的，孩子会通过观察父母的言行推测他们的关系。父母的说话方式、面部表情、肢体语言都能表现出父母的真实想法。

在一个家庭中，只有夫妻关系健康，孩子才有机会成长。什么叫作健康的夫妻关系呢？

健康的夫妻关系就像共同演奏的两个人：他们用各自的乐器和各自独特的技能来弹奏同一首乐曲，演奏期间每个人都是独立的，每个人都是认真投入的。

夫妻之间是否和睦，孩子会有自身的判断。夫妻之间只有真正的和睦相处，孩子们才能够健康成长。

### 2. 关系健康的父母，是健康家庭的重要组成部分

关系健康的父母应该是什么样的呢？关系健康的父母会给孩子树立自律、自爱的榜样。他们认为孕育孩子是人生最大的责任，因此他们总会在孩子需要他们的时候出现在孩子身边。

当关系健康的父母奠定了家庭的基石后，这个家庭中的孩子就会得到他需要的安全感。现实中，只要父母的关系稳定，孩子就会发展

出自己完整的人格。父母必须通过自己的努力来满足他们的需要，绝不能利用孩子来满足他们的需要。

孩子会从父母的健康关系中学习到成熟和自主的榜样，会拥有认知、爱、感受和想象的能力，可以自由地成长。

### 3. 给孩子 5 个自由

在一个健康的家庭中，应该给孩子 5 个自由。

（1）观察和聆听的自由。

（2）思考家长的思考的自由。

（3）感受家长的感受的自由。

（4）追求家长想要的东西的自由。

（5）自愿冒险的自由。

孩子在适应世界的同时也需要满足自己的需求。这些自由代表了孩子的自主和自尊；这些自由能使孩子释放出巨大的能量，这些能量是由内向外流动的。

健康的家庭关系允许出现争执与差异，但是要避免评价其他人。“我不同意”是表达看法，而“你太蠢了”则是评价。

例如：父亲工作一天后带着沮丧的心情回到家里，说：“我现在觉得沮丧，我想独处一会。”但看到顽皮的孩子把屋里弄得一团糟时，就对孩子大喊：“看看你做了什么，讨厌鬼。”父亲这样说话即为评价，他想让孩子为他自己的负面情绪负责，这会严重伤害孩子的自尊。一个健康的家庭，需要父母自我完善、自我成长，需要父母学会独立自主、自律自爱，需要父母双方懂得互相理解、尊重、支持。

生活在这样的家庭里，孩子会感受到安全，自由，勇气。安全来自于父母的良好关系，孩子有足够的空间去生长和探索；自由可以让孩子把感受、情绪、想法和追求充分表达出来；勇气是因为孩子对自己高度认同，知道自己是谁，所以他们不害怕展现真实的自己，不惧怕别人的评价。

父母将自己努力面对人生的样子示范给孩子时，会让孩子感到热情。让孩子学会爱与被爱，是父母给予孩子的最好的人生礼物。

**小贴士**

不要把教育孩子的责任百分百地托付给学校、老师，父母才是承担绝大部分责任的人。健康的家庭会给孩子最好的基础教育。

## 缺乏边界的关系，走下去是噩梦

中国式家庭最大的问题之一就是界限不清。

父母们理所应当地对孩子说“为了你好”，然后事无巨细地干涉孩子、控制孩子。

但是想要家庭关系和谐，父母一定要掌握边界，跟孩子保持适当的距离。

在动物的世界中，幼崽长大后都会被妈妈们赶出家门，例如：母狼认为小狼已经长大成年时，会毫不犹豫地把它赶出去，让它自己猎食、自己成长；鸟妈妈认为小鸟已经发育成熟时，会将它推下高崖，逼它学会飞翔。

纪伯伦在《论孩子》一文中提到：“你的儿女并不是你的儿女，他们是对生命渴望而诞生的孩子。他们借助你来到你身旁，却并非因你而来，他们并不属于你。”你可以把你的爱给他们，但不能把自己的想法强加给他们，他们有自己的想法。你能庇护他们的身体，却不能也无法庇护他们的灵魂，他们的灵魂有自己的栖息之所。

那么，父母与孩子的边界该怎样划定呢？

### 1. 给孩子自由，让自己活得轻松些

张强是家里的独子，是父母的唯一希望。但是他的母亲有着极强的控制欲，张强从小到大的事情，都是母亲说了算。张强喜欢弹吉

他，但母亲说弹吉他没有用，要他去学奥数；初中毕业后，他有机会去美国读书，母亲不同意，他就没去；高中毕业后，他想去北方上大学，母亲觉得太远，他最终就留在省内，去了母亲选定的大学，报了母亲选好的专业；大学的时候，张强交了一个女朋友，母亲说不合适，并以死相逼，拆散了他们；毕业后他又按照母亲的要求找了一份工作，并开始不断地相亲。好不容易，张强找到了母亲和自己都喜欢的女孩子并结了婚。在幸福的生活开始后，母亲却因为他们不想马上要孩子开始责难儿媳妇。被逼无奈的张强决定离开父母搬出去住，结果母亲又大发雷霆，痛骂张强不孝，认为他娶了媳妇忘了娘。

但是这一次张强没有再妥协，他说出了一直想说的话："我不想让您难过，可是我更不想让您一再地摧毁我的生活。"

"分离"并不只是字面的含义，它对亲子关系的影响具有两面性。张强和母亲都有独立的人格和各自的生活。对他们而言，"分离"并不意味着抛弃，而是让各自拥有属于自己的生活。

## 2. "我都是为了你好"是父母最大的傲慢

我认识一个女性朋友，丽丽，名牌大学毕业，之前是一家公司的经理，前途非常好。但是父母希望她回老家，结婚生子，她一直拒绝。

后来，母亲骗她说父亲得了重病。她匆忙赶回去，却被逼结婚，婚后发现生活和自己想的完全不一样，于是提出离婚，但父母不同意。迫于无奈，丽丽直接回到当初工作的地方。她和父母的关系一直很僵，直到最近才稍有缓和。

"我吃过的盐比你吃过的米都要多，听我的才不会有错。"这是中国父母经常说的一句话，他们还喜欢说另一句话："你还是个孩子，什么也不懂，我这是为你好，等你长大就明白了。"

每个人都有自己的人生观、价值观，谁也没有资格代替别人做决定，就算是父母也不可以。父母这样做只是把自己的意愿强加在孩子身上。

在这些父母的心中，孩子自己觉得过得好不重要，重要的是是否达到了他们的标准。

只要孩子没达到标准，父母就会使用批评、辱骂、贬低、惩罚等方式迫使孩子顺从。他们就这样从保护者变成了迫害者。

### 3. 模糊的家庭界限，使大家都觉得痛苦

心理学认为，每个家庭之中都存在着不同的部门。在一个健康的家庭中，这些部门应该是各司其职，又互相合作的。

插手其他家庭成员的事宜一定会让家庭出现问题。在这个界限模糊不清的家庭里，一旦出现问题，受伤的就不只是一个人。最终的结果往往是，所有人都会痛苦。

一位 28 岁的女孩，被父母疯狂逼婚，不管她对男方有无好感，都被逼着去相亲。每次相亲失败，父母就骂她没用，甚至说如果她 30 岁以前嫁不出去，他们老两口就不活了。

她最终留下了绝笔信："你们那么想我结婚，现在就开始准备吧，我不会反抗了。"然后就从 17 楼跳了下去，以最决绝的方式告别了她的父母。

把握好家庭的边界，孩子才能健康地成长。父母虽然生了孩子，养了孩子，但孩子不是父母的私有财产，父母不能控制孩子的一生。

孩子成年之后，父母可以给孩子提建议，但不可以把自己的想法强加给孩子，不理会孩子的想法。

### 4. 成年人的亲情需要保持距离，即使父母也不例外

中国的传统文化强调孩子要孝顺父母，所以很容易使人觉得顺从

父母才是孝顺父母，才是爱父母。

所以很多人会认为，与父母保持距离是不孝，甚至是大逆不道，这会让有些子女在心里产生愧疚感、罪恶感。其实划定界限并不是无情，保持距离也不是要远离父母。

在相对独立的关系中，孩子与父母是完全平等的，他们彼此尊重、宽容。父母让孩子自由地成长，孩子既能独立自主，也会给父母足够的尊重和关怀。

这样的关系意味着：我爱你，但你是自由的；我爱你，但我尊重你的选择。

**小贴士**

父母与孩子之间融洽的相处方式是：父母给出建议，孩子做出选择。

## 说起隔代养育，我们能做什么

隔代养育是具有中国特色的家庭教育文化，但是近几年关于隔代养育的报道有很多是负面的。

老一辈的部分教育观念跟不上时代的发展，对孩子的认知还停留在过去，这在一定程度上阻碍了孩子的发展。

作为年轻的父母，我们不能以偏概全，而是要虚心地学习长辈好的教育方法，最大限度地利用现有的家庭教育资源。

我曾经接触过这样的一个案例：巧巧，12 岁，乖巧听话。她的爷爷发现孩子当时有点小问题：巧巧总是想方设法地接近一位中年男老师，到了老师的办公室又是扫地又是倒水，只要老师在她就不离开。

原来巧巧的父母在她 5 岁时就出门做生意，常年不在家，只在过年时才回来几天。巧巧见到父母时会脸红，就像见到了陌生人。

巧巧对我说："老师对我特别关心，每当我有不会的问题，老师都会耐心地给我讲，不会批评我。冬天的时候，常常问我冷不冷。我觉得他就像爸爸，甚至比爸爸还亲。我从心里喜欢这个老师，爱这个老师。"

孩子在中年老师的身上找到了缺失的父爱，而父爱是祖孙之间的亲情无法替代的。

时代在发展，隔代养育这个问题的出现是无法避免的。中国的农村保留了传统的家庭生活模式，一般情况下，祖孙会在一起生活，社会的变革让大量的农民工涌入城市，许多父母无法陪伴孩子。尽管隔代养育中的种种问题被大家所诟病，但这种养育方式还是会长期存在下去，因此，改善隔代养育的方法成了最亟待解决的问题。

### 1. 祖辈和父辈必须统一思想

虽然两代人成长的环境和时代不同，存在着代沟，但是两代人却有同一个目标。所以祖辈和父辈为了孩子的教育和发展需要更多的沟通与交流，统一了思想之后，可以避免在孩子面前出现分歧。

### 2. 找寻教育孩子的平衡点

祖辈和父辈需要了解：孩子是独立的个体，他有自己的想法，不属于任何人。家长应该理智地对待孩子，不溺爱，不骄纵，给孩子创造和谐的家庭环境。

### 3. 父母不要逃避自身的教育责任

父母不管多忙，都要尽量抽时间和孩子相处，祖辈对孩子再好、再亲，孩子也是渴望和父母在一起的。父母如果不注重亲子关系，那么会对孩子的性格造成一些不好的影响，孩子会变得缺乏安全感。

隔代养育本身没有错误，而且也有可取之处。但是这需要家庭成员明确自己的责任，建立统一的思想，这样的话隔代养育就可以做到三方共赢。

**小贴士**

在教育孩子的问题上，父母必须明确自己才是第一责任人，需要经常与长辈交流，共同促进孩子的成长。

## 有毒的夫妻关系

爸爸妈妈对孩子的每个第一次都会由衷地感到高兴和欣慰。孩子的第一次啼哭、第一次学语、第一次自己吃饭、第一次自己穿衣服，都会给父母带来无尽的惊喜。

孩子学到的大部分东西都来自父母，是父母拉着孩子的小手进入了世界，并继续带领孩子选择自己的人生。在这个过程中，孩子会一直以父母为榜样。

社会飞速进步，似乎我们稍微不努力，就会被时代落下。与此同时，对女性求职者依然存在性别歧视，特别是还未生育的已婚女性，有的公司会顾虑女性休产假耽误工作，因此，对还未生育的已婚女性不予录用。这导致了越来越多的女性朋友从备孕、怀孕到生子，每一步被安排得十分紧凑，尽最大可能不耽误工作。

生完孩子后，年轻妈妈自然会尽快投入到工作当中，后续的照看孩子的工作就被分配给了爷爷奶奶，或者保姆。

父母一心想为孩子创造优越的生活条件，所以会把大部分时间用在努力工作上，因此陪伴孩子的时间就少了。不过，从儿童心理发展的角度来看，孩子在0~5岁期间是最需要父母关爱的时期。这段时期父母足够的关爱可以满足孩子对父母的正常情感依恋，对孩子今后的心理健康至关重要，这种关爱是祖辈无法给予的。孩子与父母在同一个屋檐下一起生活，受父母的影响最大。夫妻两人的关系，会深刻地影响孩子的成长和性格的塑造。那么，常见的夫妻关系的类型有哪些呢？

### 1. 恩爱型

关系和睦的家庭可以给孩子提供良好的成长环境，这类家庭中成长的孩子性格平和、乐观和活泼。由于爸爸妈妈关系很好，给孩子树立了向上的榜样，孩子会有很强烈的安全感和幸福感，对婚姻也会产生美好的向往。

### 2. 感情淡薄型

夫妻感情淡薄，所有情感的交流都是通过孩子来维系，形成了以孩子为中心的家庭。受到这种父母关系的影响，孩子会因过多的关注而受到过多的干涉，性格会变得任性。

### 3. 父弱母强型

爸爸的软弱会强化妈妈在家中的地位，孩子总会对自己的相同性别的家长形成认同，因此会形成：儿子认同爸爸的软弱，女儿认同妈妈的强悍。长此以往地发展下去，就会造就自卑的儿子、强悍的女儿。

### 4. 父母离异型

父母离异对孩子造成的伤害是永远无法弥补的。孩子会用一生的时间修复这个创伤，他们会缺乏安全感，甚至会产生恐惧感，有的人一辈子都不能走出这个阴影。离异家庭的孩子极易焦虑、抑郁，甚至会产生犯罪心理。

### 5. 相互指责型

在父母互相指责的家庭环境中，孩子会形成敏感、执拗的性格。

所以，当父母互相攻击、互相批评对方的缺点的时候，真正受到伤害的往往是孩子。

### 6. 经常吵架型

父母之间的吵架行为对孩子来说会有天塌地陷的感觉，孩子的安全感会在瞬间受到严重冲击。受其影响，孩子会逐渐变得脾气暴躁。夫妻之间起争执在所难免，但是高明的夫妻感情越吵越好，因为他们会在负面情绪爆发之前缓和下来。

没有矛盾的夫妻是不存在的，每一对夫妻都需要去寻找调节双方关系的办法，例如：向对方真诚地道歉，用轻松的方式把对方逗笑。

成长在幸福家庭中的孩子的内心总是充满了乐观、积极的情绪，他们总是会用爱的眼光看世界，所以世界也会回馈给他们温柔的拥抱。即使偶遇不幸，他们也会笑着面对。

在不幸福的家庭中长大的孩子，内心总会被负面情绪充斥，容易变得自卑，与人交往也没有那么积极、开朗。在学习中，会因为注意力不集中导致学习成绩上不去。遇到事情总是以退缩来应对。他们没有安全感，想法极度悲观。

好多问题在一个人年纪小的时候不会造成大的困扰，也不太容易被他察觉；但在成年以后，会导致他的幸福感降低，容易感受到孤独，难以顺利地进入婚姻或难以维系稳定的婚姻关系。

我们来自哪里，我们改变不了；但我们去往哪里，可以自己决定。现在埋下的种子将来会开出什么花，结出什么果，要看父母拿什么去滋养。

**小贴士**

父母幸福的婚姻关系会让孩子拥有爱和幸福的能力。

## 宽恕是医治夫妻关系破裂的良药

小时候，我们都曾以为伴侣就是陪伴我们到最后的人，两个人应该亲密无间，没有任何秘密；双方应该互相依靠，互为对方最坚实的后盾。可是，真的是这样吗？

当代社会，越来越多的年轻人经常会感到孤单、无助，由于想要摆脱这种孤单、无助，他们中的一些人走进了婚姻的殿堂。结婚后却发现：原来，在婚姻中也会有孤独感。

而长时间的孤独感，会让夫妻双方渐行渐远，就像把人囚禁在无边无际的黑暗中。为何身边的伴侣会让你感到孤独？为何找到伴侣后却没有归属感和踏实感？这种感觉就像在寒冷的冬夜中，永远缺少一床温暖的棉被。

“曾以为世界上最糟糕的事，就是孤独终老。其实不是，最糟糕的事是与让你感到孤独的人一起终老。”我们朝着摆脱孤独的方向前行，最后却发现，我们进入了另外一种孤独。

我曾经专门询问过离婚律师，发现了一个规律：真正导致婚姻破裂的，是夫妻双方的孤独。

很多时候，妻子会原谅丈夫的贫穷、无能、懒惰，只要丈夫爱妻子，能真诚地回应妻子所说的话。但如果，丈夫把妻子视如空气，生活中几乎没有交流，那么，妻子内心的渴望与激情会越来越少，直到妻子的内心不再有任何渴望，离婚就成了最终的结局。

心理学家弗洛伊德曾说过：“一个人将能量投注到别人身上，这是一个有客体的心理状态。如果一个人无法把能量投注到别人身上，就会投注在自己身上，形成原始自恋。有客体的心理状态，是和人建立关系的核心。而原始自恋则无法和他人建立关系，也无法和他人产生连接感。”

一方无法把另一方感知为不同于自己的人，即为婚姻中的共生状态。其典型表现为：强烈地需要伴侣符合自己的想象，不能接受差异，并且把自己的需求放在首位。

你对我的理解，要让我感到被理解。

你对我的在意，要让我感到被在意。

你对我的关心，要让我感到被关心。

你对我的重视，要让我感到被重视。

当婚姻双方的心理状态都退回到共生状态时，他们都会感到非常孤独。心理学家把孤独分为四种：①低度孤独；②社会孤独；③情感孤独；④社会及情感孤独。婚姻中的孤独属于情感孤独。当你在婚姻中感到孤独时，请不要忧郁，因为这是一种常见的情形，你需要做的是获得对方的理解。当两人都感到孤独时，可以参考以下方法。

### 1. 有效交流

有效交流是解决婚姻中孤独感的关键，双方首先要放下自己的姿态，不去计较所谓的“面子”问题，热情主动本身就是对对方的尊重。通过制造彼此感兴趣的话题，增加交流感情的机会。

### 2. 倾听对方

抛开忙碌的借口，倾听对方的喜悦、牢骚及烦恼，表现出你的关心，勇于表达你的爱，说不出口的话可以用微信、邮件传达，用不同的方式给对方多一点儿惊喜和刺激。

### 3. 正视问题

改变你跟他的相处方式，或者改变你自己。孤独感是婚姻发出的信号，是在提醒你：婚姻出现问题了，该做一些事情了。这也是在逼着你去做一些改变。

### 4. 有效咨询

当夫妻双方感觉无法通过自身调节来解决问题时，可以一起去找心理咨询专家解决。专家可以提供指导性意见，也可以通过“夫妻疗法”或“家庭疗法”帮助夫妻调整自己的行为。

### 5. 改变自己

当婚姻中的一方饱受孤独之苦，甚至开始对婚姻丧失信心时，请不要将责任全部推给配偶。要主动分析自己的性格特征，反思自己在家庭中的准确位置。

### 6. 享受短暂的孤独

在感到孤独时，要学会积极应对孤独。比如发展自己的爱好，让自己享受孤独的乐趣。这样不仅能让你减少孤独感，还能使你确认：我可以照顾好自己，不必依靠别人也能获得快乐。有了这种感觉，你就会增强自信心。所以你要坚信：有爱好的人可以让自己不再感到孤独。

婚姻中的孤独不同于人生的孤独，婚姻中的孤独是双方造成的，人生的孤独多源于寂寞，婚姻中的孤独未必源于寂寞。寂寞只是瞬时的无聊；而孤独却是灵魂深处的孤寂，是精神长久没有寄托造成的。

所以有精神信仰的人很容易打发寂寞，缺乏精神信仰的人却只能做一些无聊的事情来打发寂寞。

什么是结婚？它不是两个人的简单结合，而是两个平等的人持续不断地对话，持续不断地对抗孤独。

**小贴士**

婚姻中孤独感的产生，不是某一方的错误，而是夫妻双方都有问题。婚姻不是一个人的事情，需要双方共同经营。

# 时时刻刻有意识地去经营

婚后的夫妻生活叫“过日子”，这个“过”字很能概括夫妻间的关系。它比“谈”要实在，比“谈”要具体。

对丈夫和妻子来说，结婚都是新的开始，绚烂化为平淡，“互相适应”是此后一个相当长的生活阶段的主题。

夫妻之间一定要“有话好好说”，不能掉以轻心，有时候还得注重说话的技巧；有时也不妨吵吵架，既是宣泄，也是一种沟通的方式。最怕的是把交流当作奢侈品，“孩子没事便平安无事”，那恐怕离“同床异梦”就不远了。

婚姻不易，需要我们好好维护。如果想维持婚姻的和谐，请一定要注意以下这些行为。

## 1. 抱怨和指责

妻子抱怨回家太晚的丈夫：“你把家当旅馆了吗？总是回来这么晚。”

丈夫觉得他在外面应酬很辛苦，自己喝了那么多酒，不仅得不到妻子的关心，反而引来了一系列的抱怨，于是说道：“你能不能别唠叨了？我那么累你就不能给我倒杯水吗？”

妻子的怨气没有得到宣泄，听丈夫这么一说，更加生气了。她由抱怨转为指责：“你是不是把我当保姆了？你从来都是这个样子，又霸道又自私，我在你心里一点儿地位都没有！”越说越生气，最终变成人身攻击：“你这个无情无义的人，我受够你了！”

丈夫也生气了，因为妻子对他的人品进行了攻击。心理学家朱恩坦尼说，如果一个人受到批评不是因为他所做的事情，而是针对他的人品，便会让这个人产生羞辱感。

夫妻之间，几乎不可能避免抱怨。其实，抱怨也有好处，它能让问题浮出水面，然后通过双方的沟通来解决这些问题，维持婚姻的健康发展。但过度的抱怨会导致夫妻关系变得越来越紧张，甚至会造成离婚的悲剧。

### 2. 蔑视对方

蔑视，就是寻找伴侣的弱点，然后羞辱伴侣，对伴侣造成心理上的摧残，以此体现自己的优越感，获得某种心理补偿。而被蔑视的一方，则会产生强烈的不满情绪，甚至失去理智。

在婚姻中，蔑视要比指责更严重。蔑视会让别人感觉到：我不爱你，所以才不尊重你，才轻视你的价值，才无视你的付出。

因此，蔑视具有极大的破坏性，如果婚姻走到这一步就非常危险了。夫妻双方已经产生了憎恨，随着时间的流逝，双方会越来越抵触。

### 3. 互相抵触

抵触情绪的破坏力仅次于蔑视。如果夫妻双方产生了抵触情绪，那么，妻子的语言和动作都会让丈夫看不惯。因为他对她有了敌意，反之亦然。她说话，他会觉得浅薄；他做事，她会觉得愚蠢。他们之间的争吵一触即发，寻常小事也能令他们大动干戈。抵触会让矛盾升级，却解决不了任何问题。渐渐地，他们已经没有了沟通，只有没完没了的无用的争吵。

### 4. 冷暴力

丈夫和妻子之间出现了一些问题，妻子对丈夫说："虽然问题很大，但我们可以解决。"但是，丈夫却表现出一副毫不在乎的样子，不搭理妻子。

他走进房间，收拾了一些东西，准备马上就出门。妻子拉住他，说："你给我坐下，你什么意思？是不是不想过了？和我把话说清楚！如果不想过，可以马上去离婚。"然而丈夫只是冰冷地看她一眼，说："我要赶飞机。"然后走出家门。

连和他吵一架都成了奢望，她觉得自己要被逼疯了。

她只有忍着，最后抑郁成疾。

当他或她愿意为了解决婚姻中的问题而去改变自己时，一定会努力寻求积极的方式，尽可能少地给对方压力，这样的方式会使问题变得更容易解决。

美满的婚姻是两人共同努力的结果，需要两人不断地融合，形成一致的信念和价值观。与此同时，双方需要达成共识，在出现问题的时候以妥善的方式解决它，这样才能保持美满的婚姻关系。所以，请记住：婚姻中如果出现了问题，要告诉自己"我要改变"！

**小贴士**

夫妻在婚姻中需要具备以下两方面的能力：①有效沟通；②及时化解矛盾。这样才能确保婚姻的长久。

## 要为了孩子维系痛苦的婚姻吗

有一次，我去学校演讲，路过舞蹈室时见到一位妈妈紧盯着孩子，对孩子的每一个错误动作都及时纠正，并不时说出：“做标准了，小心老师罚你！”“赶紧啊，到你了！”

搞得孩子在跳舞时既要看着老师，还要注意妈妈的指导，战战兢兢。休息的时候，我请孩子吃大白兔奶糖，妈妈又开始了指导：“要先含一含，然后再嚼。”

等到课程全部上完的时候，舞蹈老师走过来告诉我，这个女孩的父母几乎每节课都来，并且边听老师讲课边指挥女儿，导致孩子总是无法全身心地投入舞蹈学习，与周围的同学也很难友好相处。

这样的关爱真的好吗？孩子的每节课父母几乎都会旁听，在学校如此，在家就更不用说了，他们的生活重心一定是全部围绕着孩子的。

相比留守儿童，这个孩子已经够幸运了，但父母这样做真的好吗？长此以往，夫妻之间的话题变得越来越少，即使有，也全都围绕着孩子。孩子也没有自由选择的机会，所有的一切都被父母决定了。

许多夫妻在有了孩子以后，七夕、结婚纪念日、生日再也没有好好地出去庆祝一下，每天所做的事全都是以孩子为中心，根本离不开孩子。

做了父母以后，很多人都忘了怎么去做夫妻。人们都爱自己的孩子，但是过多地关注孩子会让他们渐渐地忘了自己的伴侣，这是可悲的。

常有人说："要不是为了孩子，我早就离婚了。"可是孩子能在这种家庭关系中得到什么呢？你觉得你在为孩子牺牲，却考虑过孩子是否接受你的"美意"呢？

我们都说孩子是爱情的结晶，但是夫妻之间没有了爱情，孩子是否成了苦果了呢？所以为了孩子，夫妻之间更需要好好相爱。

父母恩爱的样子会给孩子的内心带来温暖的感觉，也会让孩子产生安全感与幸福感。在这种温暖的感觉下，孩子会更加开朗和自信。

如果你想让孩子体验到这种安全感和幸福感，请与你的爱人做一对恩爱的夫妻吧！请把这份爱传递给孩子，让你的爱生生不息，幸福绵长。

有了孩子，也别忘了夫妻相爱，一直到你们老去的那一天。先做好夫妻，再做好父母！父母之间亲密的关系为孩子的健康成长提供了沃土。

那么，有了孩子以后，如何保持夫妻之间的亲密关系呢？

让孩子拥有属于自己的世界，为孩子安排儿童房，把那里布置得很温馨，充满爱意和乐趣。

在所有的亲密关系中，最亲密的关系是夫妻关系。要告诉孩子，爸爸最爱的人是妈妈，妈妈最爱的人是爸爸，然后爸爸妈妈一起来爱孩子。

丈夫要给妻子足够的浪漫和爱。

夫妻俩可以来一次二人旅行，这个世界上所有的女人都喜欢爱与浪漫；可以在工作日的中午来个惊喜的约会，吃一顿美味的午餐。

下班后，丈夫可以主动承担一些家务，许多男人觉得家务就是女人该做的，但是两个人组成一个家庭，所有的事情都应该共同承担。丈夫可以主动承认一下错误，不要总是跟妻子争个对错，不管谁输谁赢，都会伤害两个人的感情。

许多女性朋友在生完宝宝后，眼里就只有孩子，丈夫在她面前成了透明人。丈夫长期得不到妻子的关爱，两人之间的关系自然不会亲密。

所以，妻子要给予丈夫足够的关心，可以准备早饭、晚饭，把丈夫第二天要穿的衣服提前拿出来，给丈夫一个吻，这都是表达爱意的方式。因为只有这样，夫妻双方才会更亲密，家庭才会更和谐。

**小贴士**

都说孩子是爱情的结晶，但是很多父母却忘记了如何做夫妻。父母总是说“一切为了孩子”，但是爱孩子的基础是夫妻之间的恩爱。如果父母恩爱和睦，那么孩子的内心也将是明亮、温暖、自信的。

第三章

# 放弃成为“超人”

## 认识“妈妈”这个人生角色

对孩子来说，一个好的成长环境非常重要。对孩子来说，妈妈就是最为重要的启蒙者。

我们都在说要给孩子创造好的环境，好的条件，我们拼命在城市扎根，买学区房，其实却忘了，好的环境是我们自己创造的。只要我们自己愿意改变，不断成长，孩子就会拥有一个好的成长环境。

那么，什么是一个好的成长环境呢？

发展心理学的研究告诉我们，亲子关系的亲密度与孩子的不良行为呈负相关。而建立良好的亲子关系的关键，就在于妈妈对自己和孩子的需要和特质有所了解，能够有针对性地制定计划，并且给孩子建立一套合理的行为规范。

许多关于如何辅导孩子的书都提到一大堆促进儿童成长的建议，这些建议常常是有用的。然而，稍不留意，我们就会太过于关注孩子，而忽略了自己也是人，自己也有需要、欲望。

妈妈如果总是忽略自己的需要，很快就会产生强烈的倦怠感，生理上和心理上都会出现问题。

当你给孩子更多的关注时，孩子会更加爱你。孩子需要规则，而非管教。

规则和管教是两个概念，管教是“你不能这样”，规则是“妈妈跟你共同遵守”，妈妈和孩子是平等的。

孩子出生之后，甜蜜的二人世界升级为幸福的三口之家，这是多少人所期盼的，年轻的女人又多了一重更伟大也更让人尊重的身份——“妈妈”。作为妈妈，你需要学会扮演什么样的角色呢？

## 1．关心者的角色

每一位妈妈都是孩子的关心者。你每天都在为孩子的事情而忙碌，生活中的一切都围绕着孩子进行。孩子像一枚小小的太阳，爸爸妈妈以及所有关心孩子的人是行星，围绕在孩子的周围，忙碌地旋转。孩子的任何一点儿变化，比如长高了、生病了、渴了、饿了，都会让爸爸妈妈无比牵挂。在实际生活中，很多妈妈要么忽略了孩子的心理问题，要么面对这些心理问题不知道如何处理，使得孩子们的性格、心理变得异常。孩子应该得到关怀、理解、接纳、尊重与呵护，这对培养孩子优秀的品格、健康的心理起到了无比重要的作用。

## 2．期望者的角色

当所有人都不信任孩子、都不理解孩子时，妈妈的支持对孩子来说就是他的全部。有了妈妈毫无保留的信任，孩子就不会失去信心。所以不要丧失对孩子的信心，尤其在他遇到困难的时候。

孩子在成长道路上总会遇到失败与挫折，妈妈如果只看到孩子失败的结果却没有看到孩子努力的过程，将失败归咎于孩子的无能，甚至刻薄地数落、挖苦孩子，不断地提起孩子失败的过往，那么你的孩子将永远被你囚禁在你为他打造的自卑的牢笼中，再也无法逃脱。然而，如果妈妈在孩子失败时将坚强而且决不放弃的态度传递给孩子，并让孩子明白，一时的失败并不能阻挡他今后的成功，那么孩子将学会冷静、成熟地面对失败。

### 3. 鼓励者的角色

孩子会在你对他说的“别着急，再试一次”“努力，继续加油”“你做得很棒，我为你感到高兴”这些语言中汲取前进的力量，所以你的鼓励是他进步的催化剂。

当孩子有重大的事情要处理，或者要参加重要的考试时，难免会因为没有把握而表现得胆怯。有的妈妈会训斥孩子；有的妈妈会安慰孩子，告诉他自己小时候也遇到过这种情况，保持平常心就好了。以上的两种表达方式，哪一种可以让孩子减轻心理压力，相信妈妈们可以做出正确的选择。

### 4. 约束者的角色

在生活中，当孩子提出过分的要求或做出不良行为时，妈妈该怎么做呢？妈妈可以对孩子表示理解，与孩子一起讨论，共同制定一个规则，去约束孩子的不良行为。

制定规则的前提是尊重，不仅妈妈要对孩子表示尊重，也要让孩子自发地对妈妈表示尊重。要做到彼此尊重，需要母子沟通。有些妈妈在与孩子进行沟通时会出现下列情况：①以命令式的语气对孩子说话；②不让孩子把话说完，甚至不让孩子说话。上面的这两种沟通方式，会让孩子感到很大的压力，孩子往往会无条件地遵从妈妈的教导，最后会变成一个缺乏主见的孩子。

### 5. 惩罚者的角色

当你不得不扮演惩罚者的角色时，你要清楚惩罚的目的是什么，需要解决什么问题，惩罚的手段是什么。当你与孩子针对明确的问题共同制定了一个合理的惩罚计划，达到了设定的目的后，才可以说你的惩罚是一次完美的惩罚，你才是一个合格的惩罚者。

家庭中从来不倡导惩罚，因为这里是一个讲爱的地方。在这一点儿上，孩子从来都是做得最好的，所有的孩子都会无条件地接受自己的父母。而有的父母却喜欢拿自己的孩子跟别人的孩子做比较，并且习惯于用自以为是的态度伤害孩子的自尊，打击孩子的自信。在这里，我请求有上述问题的父母，请你们立即停止这种错误行为，真正地去爱你们的孩子，以对得起“爸爸”“妈妈”这两个称呼。

### 6. 评价者的角色

孩子有时候不知道自己做得是对是错，有时候他知道这样做不对却想试试，此时父母一定要及时做出评价，做得正确就积极肯定，予以表扬；做得错误就要及时指出，不能不置可否，更不能让孩子把错的当成对的。

很多妈妈语重心长地教导孩子，希望他们长大了要有责任感，但是不能容忍孩子尝试。有些妈妈常常站在“过来人”的角度评价孩子的行为，比如：地上的垃圾不是我们扔的，不要去管；同学有困难自然有老师和其他人去帮助，不要去管。

**小贴士**

孩子从出生到长大，无时无刻不受着妈妈的性格、语言和行为的影响。妈妈既可以摧毁一个孩子，也可以拯救一个孩子。爱，也要讲究艺术，要让爱更好地传递给孩子。

## 如何给孩子提供情绪价值

一位来访者曾说："我是不是有毛病啊？上班的时候很想孩子，回到家里看到孩子不听话又骂孩子，骂完之后又非常后悔。尤其是每次孩子哭完，跑来抱我的时候，我心里就觉得很愧疚。我也常告诉自己不可以随便发脾气，但还是无法控制自己，怎么办？"

其实，这种情况很常见。当今社会赋予了妈妈太多的责任，既要赚钱养家，还要科学带娃，稍有差错就会受到全家的指责。

可妈妈不是超人，她也会崩溃，她也有解决不了的问题。妈妈要学会控制自己的情绪，因为你的情绪可能会影响孩子的一生。妈妈如果情绪不稳定，孩子也往往会变得暴躁、易怒，不懂得如何去爱别人。

情绪会对我们的思考产生巨大的影响，即使我们努力使自己恢复平静或尽量理性地思考问题，但仍逃脱不掉情绪的干扰。

如果妈妈一直用情感控制孩子的行为，那将导致孩子做事情不是遵循规则和凭借自己的判断，而是看妈妈的脸色行事，不利于孩子培养正确的行为规范。

妈妈千万不要把不好的情绪传递给孩子，尤其不能当着孩子的面发脾气。

一直以来，我都倡导妈妈应该成为陪伴型、学习型、榜样型、财富型、创业型的"五型女神级辣妈"，孩子应该成为独立型、自主型、思想型、敬业型的好孩子。

孩子终其一生都会受到妈妈的影响，妈妈如果是一个情绪易失控的人，孩子必然也会受到妈妈不好的影响。

一个情绪不稳定的妈妈将会对孩子的一生产生巨大的影响。妈妈应该如何更好地处理自己的情绪呢？

### 1. 安全空间：让自己先放松下来

如果你一直处在抑郁、焦虑、厌恶、愤怒等负面情绪中，那么你极易受到生活的打击和伤害。

离开让你感到紧张的环境，到一个你熟悉的或者能让你放松的环境，摆脱你正在面临的负面情绪的困扰。你也可以在受到委屈时找个地方大哭一场，回家睡一觉。

把自己的小家打造得干净而温馨，这会让人产生愉悦感和轻松感。当你感觉情绪低落时，自己整洁、舒适的小家可以帮你快速平复内心的情绪。

### 2. 内在整理：完成对负面情绪的转化

负面情绪是一种动态的情绪体验，可以消除也可以积累。当负面情绪出现后，我们可以多花些时间思考，如何将负面情绪进行转化，实现自我成长。

为了将不愉快的情绪抛开，不让它进入家门，可以在回家之前先整理一下心情，比如多做几个深呼吸。

即便有时实在忍不住想发脾气，也要坚守“不向家人发脾气”的底线，可以自己大吼大叫，但要很真诚地告诉家人：“我工作中遇到点儿问题，心情不好，如果说话的语气不好，先请你原谅。”一般情况下，伴侣和孩子也会体谅你工作的不易，帮你一起疏导情绪。

负面情绪的出现实际是你的潜意识在提醒你，你渴望被理解，但是你没有被理解的途径，所以你会感到很无力。但是在这种无力中你可以感觉到对自己的期待，以及你目前的不如意的状态。所以我们认为，有效地将负面情绪进行转化可以促进你的成长。

### 3. 自我成长：建立自己的安全基地

当我们能够做到很好地接纳自己的负面情绪时，我们可以通过不断地克服负面情绪来促进我们更好地成长。

请不要抗拒你的负面情绪，去接纳它、关照它、理解它。

妈妈要做一个睿智的人。这个最难，需要不断完善自我。首先要“看”，看书、看物、看事、看人、看势、看世，观察你看到的一切；其次要“思”，思考你看到的一切。看得多、想得多，你才能看清事物的本质，才能渐渐明白做人的道理，才会珍惜你拥有的一切。一家人和和睦睦在一起，是多少世的修行换来的福缘，请珍惜。

**小贴士**

一个妈妈真正的力量，是她的慈祥和温柔。

妈妈要学会控制自己的情绪，因为你的情绪可能会影响孩子的一生。

## 顺势而生的时代角色——教练型妈妈

有人说孩子的问题都是父母的问题。所以，改变现状的最好方法就是改变自己，做一名教练型妈妈，把孩子送往美好的目的地。

如何做教练型妈妈呢？很简单，只要做到对孩子的潜能及时发现，让他的心灵得到呵护，对他的行动给予示范，就可以做好教练型妈妈了。

教练型妈妈的益处：聚焦于成果，可以更好地与孩子沟通，让孩子充满创造力和活力，把生活变成终身教育，支持孩子主动地做事情，让孩子更好地完善自己。

如果想成为一名教练型妈妈，应该怎么做呢？

### 1. 优化关系技术——营造融洽的亲子沟通氛围

妈妈可以帮助孩子建立自信，这样做有两个好处：第一，增加自己对孩子的潜能的信任；第二，在这个过程中，妈妈可以通过语言、表情、神态、动作给孩子营造一个平等、轻松、自由的氛围。所以，妈妈通过这种方式可以与孩子建立亲密、信任、互相欣赏的关系。

妈妈将命令变为鼓励，将说教变为赞美，不仅可以让孩子感到平等、亲和，还可以感受到妈妈的爱。这样，孩子才可以用积极的心态去面对未来的生活，养成自信、积极向上的品质。

营造、良好的家庭环境可以让孩子自由地成才。

## 2. 调整心态技术——相信自己的孩子

孩子犯错、成绩不佳时妈妈要坚定信念，给孩子无条件的信任。按照著名激励大师安东尼·罗宾的定义，信念可以分为“游移的信念”和“肯定的信念”。

游移的信念：指非常不稳定，或短暂的信念。举例来说，孩子的表现没有达到妈妈的要求，妈妈虽然愿意相信自己的孩子，但难免又会产生怀疑，这就是“游移的信念”。

肯定的信念：指人的信念是根据自身的经验得来，并且对自己的信念非常坚定。例如：妈妈相信自己的孩子，支持和鼓励孩子，再从孩子的成功中强化自己的信念。

世界上的每个人都需要被爱，都需要得到别人的认可。如果孩子体验到不被认可，甚至是批评和贬低，会让孩子变得自卑。

## 3. 目标锁定技术——因势利导，发挥天赋

利用“教练技术”进行亲子教育，可以让孩子对未来成长的方向有一个清晰的认识，明确人生目标，认识到自己的行为对未来所产生的影响。

孩子在妈妈的协助下，可以根据自身的实际情况将宏大的目标进行拆解，最终形成一个个具体的小目标。在这个过程中，孩子会陆续地明晰自己的目标，逐步地去实现一个个切实可行的小目标。这种做法符合期望激励原理，即：期望越具体，激励作用越大。

## 4. 优化人格技术——促进全面发展

“教练文化”依据了“态度决定一切”的理论，非常重视优化学员的人格，因为良好的人格是做好事情的前提与基础。这就要求妈妈必须以身作则，在家庭教育中对孩子进行健全的人格培养。例如：在家

庭生活中，避免像传统家庭一样确立权威，这样只会增加妈妈与孩子之间的距离；妈妈与孩子应当加强合作，建立一种互动的亲子关系。

妈妈要以朋友身份，用欣赏的眼光看待孩子，发现孩子身上的闪光点，与孩子做到平等交流、真诚分享。

当妈妈以“教练”的修养处理与孩子的亲子关系时，可以做到教与学相助，心与心相映，情与情相融；让孩子的主体意识的成长得到充足的养分，优化孩子的人格。

**小贴士**

教练型妈妈要扮演的身份有：潜能的发现者、行动的示范者、方向的指导者、心灵的呵护者。建立并维持融洽的亲子关系，充分信任自己的孩子，发现他的天赋，促进他的全面发展。

## 潜移默化的背后

2018 年 1 月 5 日，开往合肥的某次列车发车前，身为教师的旅客罗某为了等丈夫上车，不听劝阻，用身体强行拦阻车门关闭，造成该列车延误。事后的舆论焦点大多集中在了罗某的教师身份上，身为人民教师的她造成了极恶劣的社会影响。

但值得我们注意的是：除了教师之外，她还有另外一个“职业”——母亲。在和工作人员吵闹的时候，罗某没有看到身后的孩子，没有注意到孩子无助的眼神，更没有想到自己的举动正对成长中的孩子造成巨大的伤害。

大家都知道奥巴马的身世，他小时候父母离异，跟着自己的白人母亲生活。他的母亲非常坚强，并曾信誓旦旦地说，要把奥巴马培养成美国总统，然而，她并没有为了实现自己的豪言壮语而把所有时间都扑到孩子身上。相反的是，奥巴马在很长的一段时间内跟着他的祖父母在马来西亚生活，他的祖父母给了他稳定的爱和很好的教育。同期，他的母亲留在美国攻读博士学位。

按照普通人的理解，奥巴马小时候的家庭具有一些“典型问题”：种族差异、父母离异、留守儿童。但奥巴马不仅在事业上获得了成功，他对家庭和婚姻的经营也一直为众人所称赞。

心理教育专家表示：孩子从出生到学龄前的阶段和妈妈接触时间较多，这一时期的妈妈不仅仅是孩子的抚养者，更是孩子言行的教育者。奥巴马小时候虽然与母亲分隔两地，但他的母亲总是借助为数不多的团聚时刻，身体力行地教育奥巴马。

其实孩子会在潜移默化中受到妈妈的行为举止、为人处世的影响，并深深地烙印孩子身上。因此妈妈要时刻注意，在生活中带头规范自己的行为举止，给孩子做出正确的表率。

父母虽然不能改变孩子的相貌，但是可以通过言传身教来影响孩子的行为。

### 1. 孩子的脏话是从父母那里学到的

夫妻之间发生口角是不可避免的，但双方往往会从争论演变成争吵，脏话也就脱口而出了。

许多孩子说的脏话是从父母那里学到的。另外，父母之间的攻击性行为也是错误的示范。这些言行会使孩子误以为吵架、暴力是解决问题的途径，并加以模仿。

夫妻之间发生矛盾时要采取温和、耐心的沟通方式，而不要在孩子面前争吵。

小赵今年 38 岁，有一对令人羡慕的儿女，大儿子学习优异，小女儿天真活泼。一天，小赵的儿子没写作业就去看电视，气得小赵张口就骂。小赵是个粗人，不会心平气和地讲话，非得来上几句脏话才解恨。结果 3 岁的小女儿听到了，学着妈妈的样子冲着哥哥大骂，学得有模有样，小赵也是哭笑不得。

骂人这件事情本身是不会遗传的，但却会模仿。如果父母在孩子面前总是恶语相向，那孩子温文尔雅、不说脏话的可能性就很小。

### 2. 不要把坏情绪在孩子面前释放

偶像剧女王陈乔恩在娱乐圈风光无限，看似外表乐观开朗的她却自曝不善与人沟通，私下里性格孤僻，甚至有些自闭。

在访谈节目《非常静距离》中，陈乔恩坦言："从小就没有安全感，总是活在恐惧中，不知道怎么跟妈妈讲话，怕她会骂我。"根据她的回忆，妈妈在她幼年时习惯使用"棍棒教育"，这给她造成了严重的童年阴影。在她的回忆中，妈妈的声音是"魔鬼的声音"。

现在的生活给年轻的妈妈很大的压力，很多年轻妈妈白天工作劳累一天，回到家还有一大堆家务，很容易产生坏情绪。千万不要把坏情绪带给孩子，妈妈的情绪会直接影响到孩子的心情。

记得把坏心情留在门外，当你到家的时候就露出笑容吧。家里有个可爱的孩子等你回家吃饭，孩子会给你捶捶背，给你倒杯水，有这些你还不开心吗？孩子希望看到的是妈妈积极乐观的笑脸，而不是一副没有表情的面孔。

### 3. 妈妈要与孩子共同成长

妈妈常常会发现孩子身上存在着这样那样的问题，但经常忘记了自己身上也有这些问题。在要求孩子改进的同时，妈妈也要通过不断地内省纠正自己的偏差和错误。俞敏洪曾讲过："一个人在 18 岁之前的成长过程中，家庭教育的影响占 60%，学校教育占 30%，社会教育占 10%。"因此，妈妈的榜样力量是教育出优秀孩子的前提。

如果妈妈有充裕的时间陪伴在孩子身边成长，那是最好的，但比这更重要的是：妈妈能否给孩子树立一个好的榜样。当妈妈为了自己的人生而奋斗时，孩子也会更好地成长。

妈妈在陪伴孩子成长的同时，永不停下自身成长的脚步，才能让自己变得更平和和宽容，更柔韧和勇敢。

希望孩子走得远，你就应该要求自己走得更远；希望孩子攀得高，你就应该要求自己攀得更高。孩子希望看到的妈妈是让他钦佩的样子，孩子希望这样的妈妈能在灵魂和精神上引领自己。妈妈的身教重于言传，例如：妈妈将家里打扫干净，孩子会也爱整洁；妈妈做到孝顺父母，孩子也会有孝心。

**小贴士**

你想让自己的孩子成为什么样的人，就给孩子做什么样的榜样。在教育孩子的过程中也可以指引自己。

给孩子做出好的榜样，做孩子灵魂和精神上的引领者。

# 接纳孩子的不完美

一位 35 岁的女强人妈妈，跟朋友聚会后回到家躲进房间里大哭了一场，原因是自己的儿子跟别人家的孩子比起来差距太大了。

这个妈妈了解到“别人家”的孩子 4 岁就认识了 1000 个汉字，上了 4 个英语培训班，可以阅读英文绘本，考上了某网校的尖子班，同时还在学习钢琴、拼图。这个孩子为了上辅导班每天只去上半天幼儿园。

虽然她对儿子的教育没有朋友那么苛刻，但她也非常用心地给儿子报了围棋班、跆拳道班，并且每周都亲自陪着孩子上课，回家还会辅导他作业，教他识字。

可是，跟别人家比起来，她还是觉得差了一大截。一方面觉得孩子的成绩没有达到自己的要求，另一方面又觉得自己特失败。

尽管不停地安慰自己不要跟别人家比，不能揠苗助长，但是当事实摆在眼前时，她还是不可避免地陷入了焦虑。

我们无法做到接纳孩子的背后，恰恰暴露了我们自身的问题。我们必须准确地发现自己不能接纳孩子的原因，否则我们或将试图去修塑他们、控制他们、支配他们，或将听任自己为他们所支配。

不接纳孩子其实是不接纳自己！仔细想想，看不惯孩子的地方是否都有自己的影子？

你觉得孩子做事拖拉，总是让他快一点儿。但你有没有想过，你上班总会迟到一两分钟，很多事情你都要拖到最后一刻才完成。你也想早点上班，早点把事情完成，但不知道为什么就是很难做到。

你觉得孩子不够坚持，遇到一点儿困难就放弃。可是你曾报过瑜伽班，你曾满腔热情地要减肥，但好像都有始无终，不了了之。你也曾想过坚持，但后来总会出现这样那样的状况，于是选择了放弃。

你觉得孩子懒，连自己的袜子都不洗。可是你也很讨厌做家务，每次做家务都很不情愿。在你二十岁之前，父母包干了一切家务，你却认为这是理所应当的，没觉得哪里不对。

即便你也有这么多的“不好”，但奇怪的是你并没有不接纳自己啊，你拖拉的时候，说自己有拖延症；你放弃的时候，认为自己还有很多机会；你懈怠的时候，告诉自己人生很短，不要过得太辛苦；你偷懒的时候，说要对自己好点，不要太较真。

你好像很接纳自己，只是不接纳孩子，有了孩子之后，你甚至变得更“接纳”自己了。你认为孩子在跟你作对，做什么都做不好。在孩子面前，自己仿佛什么都能够做得很好。

我们有可能把对自己的不接纳和焦虑转移到了孩子身上。当我们以“为你好”的名义来指责、挑剔孩子的时候，不要忘了，孩子有可能正在用他们弱小的躯体承受着我们自身的焦虑。

作为妈妈，如果想要接纳自己的孩子，首先要接纳真实的自己。有时我们会告诉自己：“我的孩子目中无人，永远也改不了，我就接受吧。”这其实是一种弱者的心态，所想的不是接纳，而是放弃。我们有时对自己说：“我的孩子是个天才，我接纳他。”这也不是接纳，而是在夸大其词。

当我们修塑孩子，希望他达到我们的期望时，我们对他的本真采取的是拒绝的态度。在这种拒绝的态度下，我们的努力都是无益的。当我们接纳孩子的本真时，我们的胸襟会变得宽广，体会到释然的感觉。我们会自然而然地放弃控制的欲望，与孩子建立起亲密的关系。

要想打破偏见，我们就要彻底地打开自己的心灵，从心底里问自己："我真的理解孩子吗？我真的了解孩子是什么样的人吗？"请你在孩子面前沉默下来，摒除所有干扰，将自己调整到一种好奇而愉悦的状态。

### 1. 接纳自己，我们不需要做万能妈妈

很多时候，妈妈在孩子身上看到的问题其实反映了对自身的不满意。妈妈要学会放下对自己的负面评价，每天睡觉前，想想一天的收获，肯定一下自己的付出与努力。

### 2. 信任孩子，他总会在合适的花期开放

很多时候妈妈对孩子的担忧都是因为不信任孩子，才造成自己过度的焦虑，才会使用揠苗助长的方式"帮助"孩子成长。多给你的孩子一些时间成长，也许会看到不一样的效果。

### 3. 与老公结成育儿同盟

妈妈们经常犯的一个错误是，一边数落老公不负责任，一边又不给他们参与合作的机会。实际上，当我们用鼓励的方式帮助老公成长，请他们一起带娃，会更有利于孩子的教育，也能让妈妈轻松一些。

### 4. 行动是对抗焦虑的唯一方法

列出一个个小目标，逐个实现。通过瑜伽、跑步等运动来缓解神经紧张，加入正能量的社群，与志同道合的人一起，丰富自己的生活，不再只把目光聚焦于孩子。

好的家庭教育需要父母的自我成长，接纳孩子的前提是接纳自己，

只有当你和自己和谐相处之后才能真正地发自内心地接纳孩子，家庭也会随之和谐！

**小贴士**

（1）当我们摆脱了控制欲时，其实就接纳了自己，也同孩子建立了一种亲密的关系。

（2）正确的接纳方式应该是：妈妈从孩子的实际情况出发，努力帮助孩子，塑造孩子健全的人格。

# 什么是密集母职

有人曾问我，到底什么是母亲？母亲从古至今均是被歌颂的对象，可母亲的真正含义是什么呢？让我们了解一下母亲的“母”。

首先，“母”字要求我们“务虚”。何谓“务虚”？其实是要求妈妈以一种“务虚”的态度对待孩子的问题。有的妈妈发现孩子出现问题就会马上指出，唯恐孩子不及时改正。妈妈应当给予孩子成长的动力，如此成长的孩子将会有强大的自我认同感，不为外界干扰所动。

其次是“示弱”。妈妈越强势，孩子的自信心就越不足；妈妈越“示弱”，孩子就越自信。所以“示弱”的妈妈往往可以培养出自信的孩子。

最后是“柔和”。在孩子的成长过程中，对孩子大喊大叫的妈妈会慢慢失去对孩子的引导力，但是“柔和”的妈妈却从不会失去引导力。

妈妈教育孩子时的态度对孩子的影响远大于教育方法。再好的教育方法如果用错误的态度去执行，结果也会是南辕北辙。

妈妈们有时候也许并不需要花过多的心思去照本宣科，按照各种专家的方法去教育孩子。最好的方法就是让自己保持良好的状态，自己做好了，孩子才会做好，与孩子的相处、沟通才会更好。亲子关系融洽了，才能与孩子彼此尊重、相互接纳。去理解孩子的内心，让孩子发自内心地去做好他自己的事情。

良好的氛围会让家庭里的每一个人都有比较高的幸福指数，大家都能找到自己在家庭中的位置，找到自己的价值感和归宿感。而这些便是一个人内在的动力，会鼓励他不断地往更好的方向发展。

每个孩子的天赋都是不可限量的，但还需要家庭的爱护和滋养，不然孩子就会表现出学习热情的减弱。所以我们说家庭教育的重点在于“养”，而不是“教”。

妈妈的内心如果冷漠、麻木或焦虑不安，就无法点燃孩子学习的热情；妈妈的内心如果平和而有温度，就可以点燃孩子的学习热情，可以应对孩子的任何状态。

孩子的情况千差万别，家庭的情况各有不同，没有一个恒定不变的教育方法。但是好的教育方法有一个共同的特点：有情有礼，情在礼前。

“有情无礼”的妈妈会将孩子照顾得无微不至，从叫醒服务到穿衣服务，再到洗衣服务，基本代劳了所有事务，充分表现出对孩子无限制的爱。

“有礼无情”的妈妈认为给孩子做了这么多，可以任意地教育孩子了。

妈妈可曾想起孩子问过的那句话：“妈妈，我该怎么办呢？”此时，你的一个小小的引导会让孩子一直记在心里。

妈妈如何做好自我情绪的管理呢？

（1）沉淀、感悟自己的内心。

（2）好好检视自己的状态。如果孩子哪方面做得太好，妈妈们就停下来，去检视自己的错误与不足，及时地调整。当自己有了新的变化之后，孩子会感受到妈妈的积极变化，也会在潜移默化中不断地进步。

（3）调动自己的积极情绪，用爱和付出去温暖孩子。妈妈与孩子的内心之间其实存在着天然的情感通道，妈妈只要让孩子感觉到温暖，就会激发出孩子学习的热情。

当孩子的思维方式与妈妈的思维方式出现偏差或者冲突时，妈妈先不要去否定孩子，因为孩子的思维方式也许更好。我们可以与孩子共同去面对这些不同。妈妈如果感觉无能为力，说明自身的教育素养需要提升。

**小贴士**

不打不骂，和善、坚定而又积极地关注孩子的成长，孩子会感受到关注和爱，也会不断地进步。

# 第四章

# 谁才是夫妻关系的隐形“杀手”

## 白头偕老的秘密

前几天我拜访了一对特别恩爱的老夫妻，双方年龄都将近 60 岁，问其婚姻保鲜秘诀，老人说，哪有什么秘诀，就是在婚姻中做到不去争，学会换位思考就行。感情是相互的，你体谅我一句，我理解你一分，懂得对方的付出与辛苦，对方也会因此而感到暖心，感情加深了，婚姻自然而然就可以保鲜了。

我曾经做过一个关于婚姻的采访，很多采访者都表示，从恋人步入婚姻后有这样的感觉：原来对方每天都洗头，现在一周洗一次；原来喊一声就到楼下的，现在出个门得用求的；原来一个电话能聊一小时，聊得手机发烫，现在说不到两句就烦了；原来一生气就哄，现在一生气就冷战。许多人都产生了这样的疑问：他（她）还爱我吗？他（她）是不是变心了？

其实，这是婚姻中的正常状态，是婚姻过程中的一个阶段。就婚姻的过程来说，有以下 4 个阶段：激情期、磨合期、平淡期、成长期。许多采访者婚后有上述感觉的原因是他们迎来了婚姻的磨合期，在这段时期内，两人会有一些摩擦和小争吵，其实这些都是非常正常的，只要两人相互尊重、相互理解，这都不是什么很严重的问题。

磨合期至关重要，度过了磨合期，后面的平淡期、成长期自然而然就会来到。所以说它也是婚姻的关键期。

磨合期这么重要，那么，为了拥有和谐、幸福的婚姻和高质量的生活，如何度过婚姻的磨合期呢？我们能做什么呢？

### 1. 婚姻是油盐酱醋

结婚后的生活，不再只是鲜花和惊喜，而是围绕着柴米油盐酱醋茶了。在一段婚姻关系中，这些生活琐事会慢慢消耗掉最初美好的爱情，让夫妻产生矛盾。如果丈夫能在生活中多体贴、关心妻子，帮妻子承担一些家务活和家庭的琐事，就可以化解绝大多数的生活矛盾。千万不要让生活的烦琐击破夫妻间牢固的爱情，一起分担、共同进退，这才是婚姻生活的正道。

### 2. 爱和矛盾都要说出来

婚姻中有两大杀手，一个是争论，一个是沉默。在婚姻中，夫妻之间发生矛盾在所难免，沟通是两人最重要的情感桥梁。很多人的注意力都在工作上，完全不重视沟通，尤其是伴侣之间的沟通。白天忙工作，晚上刷抖音，两人渐行渐远，貌合神离，有的最后甚至走向了离婚。婚姻要经营起来并不难，下班回家后分享一下工作上遇到的事情，在交流中获得美好的感觉，这样的婚姻自然幸福长久。

### 3. 婚姻是彼此接纳

婚姻是两个不同的人结合在一起，双方来自不同的家庭，有不同的成长环境，因为一个叫作“爱”的东西，彼此走到了一起，对彼此有了一定的了解。但是婚姻和恋爱是不同的。有个采访者向我抱怨，她很讨厌酒的味道，也很不喜欢老公喝酒，但是老公却经常出去喝酒，回到家总是醉醺醺的；她最喜欢洁净，可老公回家却到处乱扔臭袜子；她喜欢优雅地细嚼慢咽，而老公却狼吞虎咽。法国作家摩路瓦说：“在幸福的婚姻中，每个人应该尊重对方的趣味和爱好。认为两个人要有同样的思想，同样的性格，是最荒唐的念头。”真正地接纳彼此，就是允许两人之间存在差异，这样生活会少很多烦恼。

### 4. 婚姻中的独立与亲密

美好的婚姻中，既有亲密的部分，也有独立的部分。两个人既能在各自的兴趣中做自己，又能在两人的世界里享受共同的幸福。反之，有的夫妻在婚姻中过分亲密，反而彼此受到拖累。没有独立的部分，夫妻之间就很难真正享受亲密，时间久了爱就变成了阻碍，婚姻问题的出现就不足为奇了。

一位妻子抱怨丈夫每周六下午都要跟哥们去打篮球，雷打不动。而她讨厌打篮球，竭力阻止丈夫去参加如此无聊的运动，坚持要他陪自己去购物或待在家里看韩剧，丈夫不答应，妻子就指责他不关心自己，没有责任心。

婚姻并不是奴役和管控，剥夺自由的地方。稳定的婚姻需要彼此有独立的个体，一个人只有先做好自己，才能处理好与伴侣的关系。夫妻之间要懂得尊重对方的个人空间，自己能做到的，不苛求对方也要做到。

在采访者中，我常常看到不健康的共生关系，这往往会导致悲惨的结局。在这种情况下，要么承受彼此的伤害继续依赖共生的关系，要么下定决心走出依赖共生的关系。不过，就算摆脱了依赖共生的关系，也会对伴侣生成一种新的自我防御意识，我们称之为“假性亲密关系”。

大部分的夫妻关系走向瓦解，并不是因为爱得不够，也不是因为对方多么不好，而是接纳不了真实的对方。每个人心中都有一个理想化的伴侣，如果对对方有着不切实际的期待，最后往往给对方造成压迫。然后爱变成了控制，彼此感受到的是窒息。所以我们要知道，亲密关系的维持靠的不是捆绑彼此，也不是道德的绑架，而是既紧密又独立地共同成长。既不要把自己的快乐全部建立在对方身上，又能在彼此的相处中获取能量、得到成长。“奢望少一点儿，幸福就多一点儿”，各自强大，共同进步。

恋爱的时候，总觉得爱到天翻地覆、海枯石烂才算是真爱。然而，真正到步入婚姻后才会明白，最不缺的是激情，最难得的是两个人的共同进步。那些甜美的爱情，幸福的婚姻，靠的都是两人的持之以恒，愿意为了对方让自己成为更好的人，并且能够坦然地和对方站在一起，肩并肩齐步向前走，将这爱情进行到底。

好的婚姻是接纳彼此、互相尊重、共同成长，能激发彼此的善，使得彼此成为更好的自己，成就更好的我们。共同支持，齐头并进，把事业推向高潮，把婚姻经营成心中最向往的模样。既能享得了荣华，也能受得了苦难。

**小贴士**

婚姻不易，且行且珍惜。两个出生家庭、成长环境不相同的人走到一起，必定会经历磨合期，所以多给自己留一丝理智，多给对方一些理解，双方共同前进、共同进步。

## 家庭环境真的对孩子有影响吗

如今，很多孩子在父母的教导下，都要“好好学习，做个听话的好孩子”，回到家除了做作业，就是吃饭、睡觉、玩游戏。有的孩子甚至觉得生活没意义，觉得自己没什么用。很多家庭中的父亲长期缺席，妈妈也忙于生意或工作，孩子被严重忽略，没有感受到家庭的温暖；有的家长对孩子期待过高，要求孩子做这做那，望子成龙心切；有的家庭对孩子过度保护，让孩子感受到极度的压力和不安全感。这样的例子随处可见。

家庭对孩子的重要性不言而喻，孩子早期的成长经历和家庭环境，对孩子的一生影响深远。有研究表明，在孩子成长的过程中 4 个因素至关重要，分别是：家庭、学校、伙伴（同学）、媒介（媒体）。在这几个因素中，家庭是孩子成长过程中最基础、最重要的场所。因此，家庭对孩子影响深远，意义重大。父母的作用永远无法被取代。

如果父母给予孩子的是关爱、信任、支持、鼓励，那么孩子在生命早期就容易建立信任感和安全感；反之，如果孩子早期的成长缺乏父母的情感投入，不仅会影响孩子的大脑发育，还会让孩子缺乏安全感，影响人际交往。精神病学研究资料表明，抑郁症、强迫症、焦虑症等病人的父母与正常人的父母相比，对子女的情感比较冷淡。

那么，父母在营造家庭氛围的过程中应该注意什么，做些什么呢？

首先，好的家庭环境不是指房子多大，家具多好，养了多少花花草草，打扫得多干净。家庭环境指的是父母与孩子共同的生活空间。重点不在于父母做了什么，而在于孩子的感受如何。孩子感受到的可能是爱、支持、信任、包容和鼓励，也可能是冷漠、孤独、被忽视。因此，父母要认识到家庭环境的重要性，有意识地去营造有助于孩子成长的家庭环境。

其次，家庭关系是养育的基础，不管孩子所处的是什么类型的家庭，是离异家庭、重组家庭、单亲家庭，或隔代养育家庭，都要建立和谐的家庭关系。单亲家庭的孩子未必不好，双亲家庭的孩子未必就没有任何问题。重要的是父母给了孩子什么样的感觉。有的孩子父母双全，但是对孩子的关注很少，从不关注孩子在想什么，孩子需要什么，而是把自己的需要等同于孩子的需要。孩子感受到的是被遗弃感、孤独感，成了精神上的“留守儿童”。有的孩子在单亲家庭中长大，但是父亲或母亲很关注孩子，与孩子建立了友好的亲子关系。

再次，科学的教育方法。没有一个父母内心深处不爱孩子，但是却有无数的父母缺乏方法，不知道怎么去爱，怎么去表达爱。因此，认识到家庭教育的重要性非常必要。有了这个意识远远不够，还需要一些科学的方法，甚至借助有效的工具去实施。但问题在于，还有很多父母完全没有家庭教育的意识，把错误的观念当作金科玉律，把自己以往的经验当作制胜法宝，以过来人的身份指指点点。最后发现方法不对，一切白费。

家庭氛围和环境这么重要，那么应该如何创设良好的家庭环境和氛围呢？家长应注意以下几点。

### 1. 给孩子创设良好的家庭氛围与家风

家庭环境的塑造和家庭的经济情况有关，但不是绝对的。有的父母觉得自己有很好的社会地位、赚钱能力，反而忽略了家庭氛围与家风的建设，导致孩子越来越飞扬跋扈。我也遇到一些父母，觉得家庭经济状况较差，能为孩子提供的太少，进而自暴自弃。其实孩子的养育，尤其在早期，更多的是精神层面和心理层面上的。无论家庭条件是好是坏，根据实际情况给孩子营造一个温暖、有爱、和谐的环境就行。

怎么营造呢？不当着孩子的面争执，有话好好说。中国的家庭，大多开门吵架，关门恩爱，孩子看不到父母多相爱，看到的是父母的吵架、争执，因此孩子容易害怕和担心。

### 2. 做好孩子的榜样，想让孩子成为什么样，父母先做成什么样

想让孩子成为什么样，父母首先要成为这个样子。如果希望孩子阅读，父母却一本书都不看，回到家就玩手机，却抱怨孩子玩手机成瘾；希望孩子放学就按时回家写作业，可父母却很晚才回家；希望孩子诚实勇敢，父母却欺骗伴侣，没有担当。父母这样做，孩子怎么会学好呢？

父母是孩子的第一任老师，行胜于言，父母的言行举止都会对孩子产生影响。而且这种影响存在于生活中的每个角落，随时随地都会发生。

因此，父母要认识到：教育孩子之前要成长和改变的是自己。不要让自己成为限制孩子成长的天花板。

### 3. 尊重孩子的感受、选择与行为

一直有一个矛盾点，父母眼里的孩子和孩子眼里的自己许多时候都不一致。每次课程结束后的提问环节，很多父母都会列举孩子的很多“问题”，这个不行，那个不好，仿佛孩子身上都是缺点。但当见到

这个“问题”孩子的时候却发现，孩子并没有父母说得那么糟糕，恰恰相反，孩子有着很多被父母忽视的优点和可贵的优势。

为什么会这样呢？父母喜欢站在自己的角度来评判孩子、看待孩子。就好比做饭，父母做了自己爱吃的东西，却发现孩子挑食，然后就会嫌弃孩子。因此，在家庭教育中，父母不妨学会慢下来，别那么着急，孩子说话的时候认真听，听完再回应。无论孩子说得多么滑稽可笑，他也有表达的权利。还有的时候，孩子明明很恐惧，或者不舒服，稍微表现出难受、害怕，父母就以为孩子在伪装，觉得孩子脆弱。其实这些都是不应该的。孩子作为一个独立的个体，有自己的感受，也有自己的想法，父母要允许孩子表达。

### 4．合理期望的同时，懂得接纳

父母的期望过低或过高都可能对孩子产生不利的影响，应当长期期望和短期期望相结合，合理地制定目标。孩子每前进一步都能得到父母的鼓励，会让孩子和父母都获得极大的成就感，这样孩子和父母就会有更多的希望、更多的动力、更好的发展。有一些孩子一生得不到肯定，得不到认可，一生都在求关注，求认可，其实很可悲。

父母要结合孩子的现状，做好合理的期待，尤其期待不能太高，高到让孩子害怕、畏惧。当孩子做得不好，或者暂时达不到期望的时候，首先做的不是去批评、指责孩子，而是去接纳孩子。我发现很多父母不敢接纳自己的孩子，认为接纳孩子之后，孩子会越来越糟糕。那么，到底什么是接纳呢？我来举一个例子：

孩子说：“妈妈，我今天不想去学校，不想上学了”。

不接纳孩子的反应是：“不上学不行，必须去，现在不上学以后被人看不起。”也有父母说：“你要是敢不去，我打死你。”还有的父母直接把孩子强拉硬拽到学校。

接纳孩子的反应是："孩子，妈妈在这里陪你，来抱抱妈妈。""妈妈愿意听你说，到底发生了什么？"

这就是接纳孩子与不接纳孩子的不同表现。父母要重视家庭环境的建设，做好孩子成长道路上的引路人。相信出于对孩子的爱，父母都能做得更好。

**小贴士**

孩子的成长是家庭的涂鸦，是暖色调还是冷色调，在于父母的引领与塑造。给孩子营造健康的家庭环境，会对孩子未来的发展产生深刻的影响。

## 别让感情老化

“我跟丈夫有感情吗？”有的妻子真的没有，有的或者只是亲情。

总有一些人处在没有爱情的婚姻中，为了让生活继续下去，要么分开，要么凑合。

两个互相不喜欢的人在一起，可能一生都不会喜欢彼此，也谈不上幸福。男人和他不喜欢的女人在一起生活会做些什么？可能会对她持续冷暴力，或者大打出手，或者肆无忌惮地出轨。而女人和她不喜欢的男人结婚，却往往会努力去适应他，试图营造美好的家庭生活。尤其在生下孩子之后，会将家庭视为生活的重心。

有这样一个来访者的故事：

夫妇已经结婚十几年了，但是他们的性格、脾气都没有发生变化，依旧无法适应彼此。丈夫是一个脾气很差的男人，结婚后，家庭暴力从来就没有停止过。妻子的脾气，是“人不犯我，我不犯人”。两人以前经常吵，渐渐地，不知道从什么时候开始，他们日子平淡了起来，不争不吵。特别是孩子出生之后，妻子已经没有心思和精力去理睬丈夫。她把所有的精力都放在了孩子身上，孩子就是这个家里她唯一的亲人，这个家对妻子而言，是为了孩子而存在的。丈夫要去哪里从来不会对妻子说，妻子生病了他也不会表示出一点儿关心。即便有了孩子，他也没有改变。

到底是应该为了孩子维持婚姻的现状，还是跳出无爱的牢笼？很多夫妻在纠结这个问题。分开吧，觉得可能会影响孩子，再找伴侣也不确定会遇到什么样的，这种不确定性会加剧自己的不安。如果不分开呢？又觉得难以忍受，相互折磨。

经常听到一些抱怨的话："在一起，还不都是为了孩子。""如果不是为了孩子和老人，早就过不下去了。"在这种抱怨的背后，道出了无能为力的悲哀。

无爱的婚姻到底应该怎么解决呢？该不该为了孩子维持无爱的婚姻呢？我们可以考虑以下 3 个方面。

### 1. 结婚时间的长短

原本完全没关系的两个人，很少会有百分之百完全匹配的，完全不争吵的夫妻也不存在，有争吵、有摩擦是难以避免的。我们要做的就是通过两人之间的磨合慢慢接受彼此，但如果最后发展到了我们无法接受的地步，我们应该怎么处理呢？

婚姻开始的前两年属于磨合期，双方都怀揣着美好的幻想步入了婚姻的殿堂，却发现原来"童话里都是骗人的"。于是频繁的争吵代替了恋爱的甜蜜，这些都是磨合期的正常现象，双方都需要为这段亲密关系做出适当的调整和改变。尤其是有了宝宝之后，对待婚姻的态度更要慎重。当然了，如果双方都付出了努力，却还是无法适应彼此，那么再考虑离婚的问题。

### 2. 孩子的接受能力

孩子对于家庭中的变化是非常敏感的。父母是真心相爱，还是仅仅维持表面的和谐，孩子都能通过细节敏锐地觉察出来。所以，不管婚姻如何走向，父母和孩子的沟通都非常重要。如果必须要离婚，在离婚时要让孩子知道，父母离婚的原因不是因为不爱他，而是彼此生活了这些年之后，发现再怎么努力也不适合一起生活，就算父母不在一起生活了，父母对他的爱也不会因为离婚这件事而发生改变。如果孩子已年满 18 周岁，有了判断力以及对自己生活负责的能力，他是可以接受父母离异这个事实的。但是有一点儿父母需要谨记，不管你们离婚的原因是什么，无论谁对谁错，都不要一味地在孩子面前谴责对方，更不要暴力相向。因为这样做的结果只会给孩子造成无法修复的创伤，对他的人格发展有着极其不利的影响。

### 3. 感情的破裂程度

夫妻之间，平淡的生活早已经把当初恋爱的热情消磨殆尽，剩下的只是婚姻中的各种矛盾和问题。当这些矛盾和问题积累到了一定的程度时，就会开始爆发争吵。

如果夫妻两人只是为一些家庭琐事争吵，这样的婚姻还有维持下去的可能性。因为婚姻意味着责任与义务，当你选择享受婚姻带来的权益时，也要承担与之对应的义务。我们要对婚姻负责，对家庭负责，更要对自己的选择负责。可是如果双方到了实在无法容忍彼此，“仇人相见，分外眼红”的地步，每天都无法正常相处，一见面就吵架，甚至动手，严重影响日常生活，那么双方就要当机立断，放彼此一条“生路”。千万不要有“为了孩子忍一忍”的想法，因为孩子是比较敏感的，能够辨别出父母是否相爱。有研究表明，父母维持表面的和谐关系，给孩子的伤害更大。

茫茫人海中的两个人，从不期而遇到相知、相恋，再到为人父母，这份来之不易的缘分值得我们每个人去珍惜。婚姻生活是需要两个人互相磨合的，在这个过程中，双方都要对彼此真诚与包容。但如果缘分已尽，“一别两宽，各自安好”也不失为明智的选择。

遇见错的人，熬一辈子。

遇见对的人，享一辈子。

前一种叫搭伙，后一种叫爱情。

很多人也许会追问，爱情的意义是什么？

爱情说到底是个很虚的东西，它的最终目的可以说是促进彼此成长，也可以说是为了愉悦彼此的生活。但归根结底，爱情的意义需要我们自己去创造。

**小贴士**

现实生活中，很多人对“嫁给爱情”这句话颇为不屑。但是，爱情是婚姻这座殿堂的地基，没有稳固的爱情，婚姻殿堂就如同沙漠中的海市蜃楼，瞬间就会化为泡影。

## 改变没有那么难

曾经有位女性来访者，名叫晓雪，说了她的故事：结婚第十年，发现自己的老公行为越来越异常，经常出差，半夜去卫生间打电话。之后不久，她便得知了老公出轨的消息。晓雪瞬间感觉天崩地裂，她从来没有想过离开，只想让老公回到她的身边。先是一哭二闹，见无法挽回就求助家人，带着自己的父母和兄弟姐妹闹到了老公的老家，闹得人尽皆知。

晓雪还找到两人共同的朋友，诉说自己是怎样地付出，老公是怎样地背信弃义。最终，老公删除了晓雪的所有联系方式，连工作单位都换了。就这样拖了将近一年，他们还是走向了离婚。而在这一年不断地诉说和纠缠中，晓雪的负面情绪也不断加大，她仿佛一只惊弓之鸟，对待男性和婚姻产生了深深的怀疑。

其实这样的来访者并不少见，很多夫妻离婚时都缺乏必要的“风度”。要么上演吵架、打架、抢孩子“三部曲”，要么让孩子当裁判，让孩子左右为难。我想对离异的夫妻们说：离婚是成长的痛，既然不能携手相伴，那么可以尝试好好说再见。

其实，当一段关系已经不再适合你时，在恰当的时间选择离开是很重要的。无论是一个朋友、一段亲密关系，还是一份工作、一个地方，在恰当的时间说再见都是明智的。遗憾的是，很多人不愿意成为那个主动做决定的人。

除了对未来的不确定所带来的不安感之外，还有一个原因就是不想扮演“坏人”。然后找些理由来安慰自己，最常用的理由是“为了让孩子有个完整的家”和“为了让父母不要担心”。为了父母和孩子维持婚姻，是逃避责任的完美说辞。

很多心理学理论表明，如果一段婚姻关系没有修复好，那么，下一段关系可能会成为这段关系的延续。如果你在这段关系中已无可恋，仅仅是害怕一个人寂寞，或者不知道明天的路该如何走才选择留下，那么这种无谓的坚持只会带来更大的内耗。

所以，让自己不断地深陷在失去、被辜负的阴影里并没有什么好处。如果你的前任是一摊淤泥，你是应该远离他，还是一脚又一脚地在上面踩来踩去呢？

在这里，我给大家 4 个建议。

### 1. 爱会让你自由，但依赖不会

当你依赖一个人的时候，你的爱会伴随着满满的控制。但有意思的是，你越依赖别人，也越需要对方反过来依赖你。因为只有对方依赖你，你才能控制对方。所以，别人如果能控制你，也是因为你自己本身有一颗攀附之心。这种关系就被称为“共生绞杀”。从这种关系中离开，是非常有必要的。

爱既是一种自由选择，也是一种彼此尊重。如果两个人缘分已尽，那么我们就要学会放手。

### 2. 承认已经不再相爱的事实

两个人不再相爱，无所谓对与错。有些人之所以旧情难了，不过是因为无法接受彼此不再相爱的事实。他们总是在纠结谁对谁错，或想证明谁强谁弱。还有些人总想与对方重修旧好，总在幻想某一天对方还会回来。其实，不合适就是不合适，早点给你们的关系画上句号，开始各自新的生活也是一种选择。

### 3. 承认对方给你带来的快乐和痛苦

相爱时，连空气都是甜的。你们一起共同度过了很多美好的时光，而他（她）就是那个曾经让你体验过被爱、被珍惜的人，是满足了你对异性完美幻想的那个人，也是他（她）让你对未来多了几分期许。

自问自答，对这段感情作一个分析和回顾。

①这段感情让我感到幸福吗？我们这段感情有多少并不合适的地方？

②在这段感情里，我为他（她）付出的是什么呢？（例如关爱、协助等）没有付出的又是什么呢？（例如真诚、坦率等）

③这段感情如果持续下去我们真的会结婚吗？如果结婚了我们能将这段婚姻维持下去吗？

④我从这段感情中得到了怎样的经验和教训？

### 4. 用仪式帮你与“那个人”和“那段感情”彻底告别

你可以在放松的状态下闭上眼睛，想象“那个人”的模样，然后对他说：“我和你结束了，我们的感情结束了。让我们回归各自的生活，各自安好。感谢你的陪伴，感谢你陪我度过的岁月。我原谅你了，就像原谅我自己一样，原谅你的稚嫩，原谅你的粗心。希望你也能原谅我，我们都不是完美的人，我希望我们各自都有一个美好的未来。”

既然某些关系注定要结束，那就好好说再见。这并不是某个人的错，更不是因为你不好。彼此互相陪伴的这段旅程，已经结束了。对方是你历史的一部分，经由这段历史，你才能成为更好的自己。

怨恨或遗憾没有正面意义，尊重那个人，本质上就是尊重自己的历史。让自己成长，感激对方曾经出现在你的生命中，不论对方现状如何，都送出你的祝福。

也许未来的某一天，你们会在某个地方再度相遇。无论结果如何，都谢谢对方曾经出现在你的生命中。

**小贴士**

即便是分手，也不要恶语相向，更不要做出伤害对方的事情。在一段亲密关系里，我们要有开始的勇气，也要有暂停的技巧和结束的能力。

## 改变低质量的亲密关系

提到心理创伤，我们容易忽视的一个重要因素是孤独。抑郁症就是由于长期孤独，使人应对各种身心疾病的抵抗力下降而产生的。长期的孤独还容易导致我们缺乏必要的社会支持，陷入负面情绪之中。

除此之外，孤独还可能导致各种心理和行为问题的发生，如自杀倾向、敌对情绪、攻击行为和睡眠障碍等。细心的朋友会发现，很多电影中都有变态杀手的形象，他们几乎都孑然一身，长期与孤独为伴。

人的心理反应是由生理机制决定的，很多精神障碍患者，如抑郁症患者，他们体内的多巴胺、5-羟色胺的浓度明显异于常人。反过来，人的生理健康也会受到心理健康的影响，长期孤独可能会影响到人的血管、内分泌和免疫系统的健康。

孤独会让人产生自我封闭的倾向，对人造成心理创伤。长期孤独会让人相信自己是一个孤独的人，从而在行为上会越发退缩，不参与社会交际，社交技能也会逐渐衰退，进而产生恶性循环。

有位女性来访者说，对于整日在家忙碌的她来说，最想得到的就是丈夫对她的关心，比如一句“我爱你”、一次温情的注视，或者是一束鲜花、一则短信都能让妻子的心底洋溢幸福。可是下班回家后的丈夫却只愿赖在床上、沙发上玩玩手机，这会让她怀疑自己是不是对丈夫不再具有吸引力了，自己是不是只是家里的物品，而不再是家里的一分子，于是觉得越来越孤独。对丈夫来说，他觉得自己很委屈。他为家人付出了一切，放弃自己的爱好做着一份不喜欢的工作，只是为了拿到年终奖带家人去度假。他不抽烟不喝酒，是家里的顶梁柱。可是他害怕与爱人或孩子的距离太近，因为这会给他带来恐慌。

另一位来访者曾说过这样一个故事：搬到新家后，丈夫请几个哥们来吃饭。酒酣时，丈夫一把搂住她，对哥们说："我平时工作忙，家里多亏了你们嫂子。房子的装修，孩子的生活、学习全是她照应的，特别辛苦！来，一起敬你们嫂子一杯。"然后大家一起敬了她一杯酒。烈酒入喉，她所有的委屈和怨言顿时烟消云散。她说，最动听的情话莫过于此。我们每个人在一段关系中都需要被关注、被重视，尤其是在亲密关系中，对方的一句表扬，都会让我们开心许久。

许多夫妻在有了孩子之后，双方分工明确。丈夫负责赚钱养家，妻子负责照顾家庭。两个人交流的时间越来越短，与对方的交流和互动日益稀少，再加上重复单调的生活琐事，逐渐冷却了两人婚前的激情，让原本亲密的情感变得寡淡。

对于这个问题，我通常会建议夫妻重新约会。每周至少有一段时间是完全属于彼此的，哪怕只有一两个小时。夫妻可以在一起做自己喜欢的事情，了解彼此的心情和感受。用这样的方式来培养夫妻间高质量的亲密关系。

我们该如何解决躲不开的孤独感所造成的痛苦呢？

### 1. 最直接的方法：面对和接受你的孤独感

孤独感本身真有那么痛苦吗？其实很多时候，我们之所以痛苦是因为面对孤独感时会选择逃避，这会引发焦虑与恐惧。你越是想摆脱孤独感就越焦虑，越是焦虑就越无法正视和面对孤独，这便形成了一个恶性循环。如果我们能在当下这一刻正视我们的孤独感，愿意停下来什么都不做，不再试图从外界得到什么，不再逃避，而是去感受和面对陷入孤独时的心理状态，那么，我们就能摆脱孤独感。

人的任何情绪和感受都是带着主观色彩的，一旦我们能从自身和当下的情景中抽离出去，我们的情绪与感受就会慢慢减弱。

### 2. 最根本的方法：培养自己内心的富足和充实

在生活中你会发现，有些人面对孤独的态度不是逃避和抗拒，而是享受和追求孤独，他们并不害怕孤独。

原因在于，孤独对他们而言仅仅是一个客观存在的事实。并非他们已经摆脱了童年的阴影，而是因为他们的内心足够充实与富足，所以他们可以坦然面对孤独。

即便你能理解孤独的本质，可是当孤独来袭，你可能还是会焦虑、痛苦，渴望从外界抓住些什么。

究其原因，人无时无刻不在追求着安全感与价值感，如果无法从自己内在获得，就只能到外界寻找了。可是这终究只是一个幻想，就像我们小时候总想时刻从母亲那里获得关注和爱一样。如果我们将自己的幸福和快乐都寄希望于外界和他人，失望是必然的。

王阳明说：“心外无物。”我们对外界的事物是无法控制的。我们也不可能从他人那里获得恒久的安全感。所以我们要放弃对外界的渴求，转而去关注自身，这才是应对孤独感的积极态度。

只有源于自己内心的爱、安全感和价值感才是永恒的，也只有自己内心的富足才能为我们的成长提供养料。

**小贴士**

孤独感并不可怕，只要我们不断地给予自己爱，给予自己安全感，不断地用知识丰富自己，孤独感便可以带领我们走向成功。

## 那些“恋母的巨婴”，最后都怎么样了

我记得在《扬子晚报》上曾看到过这样一个报道：42 岁的单亲妈妈陪着 21 岁的女儿去相亲，对方是一名 29 岁的男子，不料男子没看上女儿，反倒看上了这位妈妈，后来两人走到了一起。女儿知道后，接受不了这样的角色转变，母女俩闹起了矛盾。最后，女儿不仅搬出去一个人住，也和母亲也彻底断绝了母女关系。

原本世界上最亲密的人，却变成了伤害自己最深的人。有的人说，这个做母亲的没有做母亲的样子，明明是给女儿介绍对象，却突然横刀夺爱。有的人则对这种看法持反对意见，认为爱情是不分种族、不分年龄，甚至是不分身份的。母亲和小伙子之间的爱并没有触及道德和伦理的底线，既然小伙子一开始就没有看上女儿，女儿又为何抓住这个事情不放呢？

对于这个事件，我们不妨换个角度来看看：先不着急判断母亲和女儿谁对谁错，小伙子身上有着非常明显的恋母情结。

在一个家庭中，有的父亲相对比较弱势，在这样的原生家庭中长大的孩子可能会表现出恋母情结。一般而言，有恋母情结的男人都有以下几种表现。

### 1. 不愿意承担责任

有恋母情结的男人从小到大基本什么事情都是妈妈一手安排的，

即使长大之后很多事情还是要妈妈拿主意，要经过妈妈的同意才敢去做。过于依附母亲导致的结果就是：内心敏感、细腻，缺乏主见，凡事拿不定主意，甚至会有女性化的倾向；面对困境或者失败很难独当一面，只会逃避责任。

### 2. 对母亲格外依恋

恋母情结在小的时候没有特别明显的表现，长大后还未摆脱恋母情结就会使得情况变得复杂。

### 3. 喜欢年龄大的女性

很多长大后仍有恋母情结的男人，容易对年龄大的女人产生好感。他在成年之后寻找伴侣的时候，也会下意识地选择跟母亲有些相似的女性，其中一个特点就是年龄大，并且这类女人一般都会有贤惠、包容、柔韧等共同特点。

### 4. 难以建立稳定的亲密关系

有恋母情结的男人在建立恋爱关系时一般有两种情况：一种是要经过妈妈的同意，表现得循规蹈矩，只要妈妈觉得好，自己就认可，只要妈妈觉得不行，再恩爱也白搭；另一种就是不断寻爱型，不愿意承担责任，对女性没有信任感和责任心，对很多女性都有好感，但是都难以长情。

前者将关于自己未来的选择权交到了母亲的手中，不选择，所以就不必承担责任；后者则干脆放任自我，因为无论拒绝谁，他拒绝的理由都冠冕堂皇：哪个女人都比不上最初给予我生命的那个人。

一般来说，男人在结婚之后会为维护这个家庭做更多有意义的事情。但是有恋母情结的男人，尤其是恋母情结比较严重的男人，心底的愿望就是找一个替代妈妈角色的女性。可毕竟对方和你结婚是一起过日子，不是来给你当“妈”的。就算妻子性格再好，再能干，也无法做到像母亲一样无私奉献、无微不至，最关键的是，这是一种不健康的亲密关系。

那么，有什么办法能摆脱恋母情结吗？以下几点建议供大家参考。

### 1. 让丈夫明白自己有恋母情结

很多时候，丈夫并不知道不知道自己有恋母情结。作为他的妻子，可以选择一个合适的时间和他沟通。最好是用一种巧妙的方式把自己的想法传达给丈夫。这样不但不会伤害夫妻感情，妻子还可以了解丈夫的心理变化。

### 2. 共同去面对和成长

不幸的婚姻里没有无辜者。互相交流，会避免情感中的很多问题。妻子还可以带丈夫多参加社交活动，比如朋友聚会。也许，你的千言万语比不上同龄人聚在一起时的几句讨论。

### 3. 培养丈夫在工作上独当一面的能力

作为妻子，一定要给丈夫分享一些生活上的基本道理，培养他在工作中遇到问题时独当一面的能力。开始时可能有点难度，但一旦有了第一次的成功，许多男人会慢慢找到自信。

**小贴士**

有恋母情结的男人心底都有一种模糊的愿望，渴望在伴侣身上找到妈妈的影子。

# 第五章

# 与孩子建立日常联结

## 成为“蒲公英儿童”

大多数家长都希望自己的孩子出人头地，大多数家长都希望自己的孩子赢在起跑线上。很多孩子从出生起就开始了与同龄人的竞争。可是亲爱的家长们有没有想过一句古话：“欲速则不达！”

人类在所有的灵长类动物中，拥有最长的幼年（婴儿期和幼儿期）。从出生开始，婴儿就和成人在一起生活。最重要的成人是爸爸妈妈，他们需要投入大量的精力和时间，照顾婴儿的生活、陪伴婴儿成长，这个时期会持续到孩子 6 岁。

为什么人类需要这么漫长的幼年期呢？幼年对人类发展的意义就在于，在这段相对漫长的时间里，孩子通过与成人的互动获得了许多“经验”，以应对成年之后复杂的挑战。

在儿童的早期发展中，这种“经验”涵盖着非常广泛的内容。

在 0~3 岁阶段，主要指的是感知觉的经验，感知觉包括听觉、视觉、嗅觉、触觉等。这些感知觉经验的积累，为他们在 3~6 岁阶段掌握更加复杂的认知任务打下了坚实的基础。

在 3~6 岁阶段，儿童开始面对复杂的认知任务，了解一些抽象的概念，例如时间、空间、位置等；理解一些事物之间的变化规律，例如物理学或生物学的基本常识；更加得心应手地运用语言，对文字有了初步的读写能力。

每一位妈妈都希望自己的孩子聪明，很多妈妈在怀孕的时候吃营养品，在孩子小的时候精细地计算每一克食物的营养，少睡了一分钟都担心孩子智力受损。孩子的智力与这些关系大吗？父母的养育方式对孩子的智力影响大吗？

这些数据可能让很多人惊讶：孩子的智力 80% 是基因决定的，家庭的养育只占到 20%。孩子的智力，受基因的影响要远远大于后天的养育，所以营养对孩子智力的影响并没有那么大。

在前几年的一个“脑科学与教育创新”大型公益论坛上，一个被反复提到的论点是：教育规律的应用离不开对人脑发育规律的尊重。

人脑发育的规律是什么？家长应该如何尊重人脑发育的规律呢？

### 1. 科学地开发早期大脑

有研究表明：新的语言学习经验可以促进大脑的发展，越早学习第二语言，对第二语言的使用越熟练，则大脑的灰质密度越大。另外，音乐学习可以促进脑发育。经过 35 个小时的键盘训练后，5~6 岁的孩子大脑右侧中央前回、胼胝体、右侧初级听觉皮层灰质等体积增加。与对照组相比，接受两年音乐训练的孩子，左右颞上回后部皮层发育速度加快，连接额上回区域的胼胝体纤维整合度增加。

这一规律给我们的启示是：脑发育具有多层面的可塑性，丰富的活动与认知经验可能是促进脑发育的重要“营养剂”。

### 2. 母亲的支持对孩子非常重要

获得母亲支持程度越高的孩子，脑部海马体的体积增长越快；早期亲子关系缺失的孩子，双侧前额叶（前额叶与人的理性思考、自我意识等紧密相关）与颞叶的发育都十分异常；母爱缺失则可能导致孩子的杏仁核（杏仁核与焦虑、恐惧等情绪紧密相关）发育提前。

此外，一项长达 25 年的追踪研究表明：虽然贫困会影响儿童的脑发育，但良好的亲子关系对儿童的脑发育会起到保护作用。

在孩子的早期生活中，母亲的情感支持、良好的亲子关系都会有利于孩子大脑的发展，反之则可能对孩子的大脑造成伤害。

### 3. 像蒲公英一样茁壮成长

神经科学领域关于儿童脑发育的研究表明：儿童能像蒲公英一样成长。在瑞典，“蒲公英儿童”这个词常用来描述那些无论环境如何改变都能茁壮成长的儿童。心理学的研究表明，这样的儿童占大多数。从进化的角度来看，这也是有道理的，无论父母对孩子投入多少时间，施以多少关注，只有当孩子真正感受到这些关注的时候，他才能勇于面对困难，并在困境中尽情发挥自己的能力，像蒲公英一样茁壮成长。

儿童发育中的大脑早已成为世界上最复杂的信息加工体，人脑有自我塑造的能力，比如，在以汉语为母语的环境中，孩子不需要特意学习，就能轻松掌握汉语的发音和意义。你家的男孩或女孩在很小的时候就知道，你发出来的声音比别的声音包含更多的意义。所以，即便你从未给孩子上过什么关于说话的课程，他也不太可能去模仿空调或者小汽车发出的声音，至少不会用那些声音来进行交流。

从出生开始，孩子就准备好了在身边的环境中进行学习。无论这个世界能给他们提供什么条件，大多数孩子都会找到适合自己的方式，健康成长。

**小贴士**

（1）教育规律的应用离不开对人脑发育规律的尊重。

（2）想要拥有聪明的孩子，母亲需要对孩子的大脑进行早期开发，需要母亲的情感支持、良好的亲子关系。当孩子准备好了，就可以利用外在条件像蒲公英一样茁壮成长。

## 听说你家宝宝爱模仿

一天，当妈妈看到只有 15 个月大的儿子聪聪对着镜子认真梳理自己的头发时，她大吃一惊。因为儿子从小头发又直又细，不需要刻意打理，她从来没有给儿子梳过头，也没有特意教过他如何梳头。妈妈很纳闷，儿子是什么时候学会梳头的呢？

当聪聪的妈妈来咨询我时，我告诉他，孩子是通过观察和模仿妈妈梳头的样子学会自己梳头的。1 岁多的孩子已经有了自我意识的萌芽，他们会模仿身边人的言谈举止。

但是我们要知道，孩子的模仿行为有好也有坏。有一次，聪聪看到电视里的卡通人物打架，后来他和小朋友玩耍的时候对着对方的头部打了一下，结果把那个小朋友打哭了。妈妈感叹："孩子的模仿能力真强啊！"父母要怎么做才能让孩子更健康地成长呢？

在上一节提到，儿童要在相当长的一段时间里，通过与成人的互动获得多种经验的积累，以应对成年之后复杂的挑战。

婴儿在出生几个月后就具备了模仿他人的能力了，这种能力标志着婴儿与他人之间形成了一种联结，这种联结能够帮助婴儿认识自我和外部的世界。

通过观察我们会发现，在早期的亲子关系中，婴儿会通过模仿父母来与他们进行交流，这是亲子沟通的开端。之所以会这样，是因为在婴儿的心里，父母是最重要的、最值得信任的人。

有一个很好的例子：当你把宝宝紧紧地抱在怀里时，他同样也会紧紧地抱着你。这实际上是通过模仿传递他对你的爱，就像你对他的爱一样。在这个互动的过程中，你和宝宝实现了交流，彼此都获得了情感的满足。

模仿是孩子的天性，这不仅是孩子学习各种技能的重要途径，更是孩子进行人际交往的重要方式。

所以，每一位妈妈都要学会正确地引导宝宝模仿。模仿是儿童对自己身体行为的一种确认，比如：儿童会反复观看一个动作，然后将此动作重复出来，最终形成自己的能力。

### 1. 模仿的形式

0~1 岁是婴儿的语言敏感期，婴儿在这个阶段对语言有着非常浓厚的兴趣。他们会特别喜欢听成人讲话，尤其是妈妈讲话。这时，家长可以稍稍放慢语速，让孩子看到你的口型。这样孩子就会很快掌握母语，甚至连家人的语气语调、口头禅都模仿得有声有色。

等孩子长到 2 岁，他们就开始将注意力转移到生活中的细节上。比如，他们会模仿成人刷牙、扫地、倒垃圾。在玩“妈妈和宝宝”的游戏时，他们甚至会表现出惊人的创造力。这个阶段的孩子有了自由模仿的能力，但是不能识别和规避风险。家长在让孩子自由模仿的同时，要保证孩子的人身安全。比如，要把危险物品，如刀具、热水、药品等，放到孩子接触不到的地方；有些危险的行为，如做饭、点火、使用电器等，不要让孩子模仿。

### 2. 在模仿中学习

模仿不仅是孩子的心理需要，也是一种社会性学习的方式。在这个过程中，只要不涉及孩子的人身安全，家长可以多站在观察者的角度认真观察孩子的举动。如果孩子“失败了”，家长要多鼓励并积极引导孩子再次尝试。

不过，在孩子的模仿过程中，妈妈要引导孩子辨别好坏，对不好的行为要及时制止。对孩子好的模仿行为，家长可以用微笑和话语来表扬他，当孩子得到家长的鼓励后，会更加努力学习。

### 3. 理解他人，从模仿做起

神经生理学研究表明：镜像神经元是大脑中让人具备模仿能力的神经细胞。举个例子，孩子玩布娃娃时，大脑中的镜像神经元会被激活；当看到其他小朋友在玩布娃娃时，他的镜像神经元也会变得很活跃。正是由于镜像神经元的存在，孩子才能迅速理解他人的意图和感受。

通过模仿，孩子逐渐发展出了“推己及人”的能力，他们能够更加理解别人的情绪，更加懂得体谅别人。

### 4. 引导孩子模仿

从 1 岁起，孩子就开始主动模仿家长的语言和动作。家长要多注意自己的行为举止，尽量给孩子树立一个良好的榜样。家长也不用做到十全十美，因为孩子的模仿对象不仅仅只有家长。

当孩子学会走路之后，他们的视野范围会逐渐扩大，接触的人也越来越多。遇到自己喜欢的人或者好奇的事情，他们会主动模仿。面对这种情况，家长尽量不要对孩子严加指责，用简单粗暴的语言或动作去阻止孩子，而是要尽量温和地引导孩子模仿好的行为。

既然模仿是孩子的天性，家长可以利用孩子爱模仿的天性来培养孩子的各种能力，如注意力、观察力、思维能力和表达能力等。

模仿的行为促进了孩子的心理发展，让孩子从生命的初始状态过渡到更高级的状态中。孩子从内在世界走向了外部世界，虽然在这一阶段，孩子的自我意识表现得不太明显，但我们要知道的是，孩子必须经历这一阶段才能形成更强烈的自我意识。

如果没有很好地度过这个阶段，这一阶段的发展就会滞后，所以很多 5~6 岁甚至更大的孩子还会模仿别人的行为。父母要了解儿童敏感期的发展规律，如果只是一味地阻止，反而会阻碍儿童的心智的正常发展。

模仿是孩子自发的行为，父母不能根据自己的喜好教孩子如何去模仿。在孩子的模仿时期，父母的作用是陪伴、引导，帮助孩子顺利地度过该时期。

家长的示范作用也非常重要，比如要求孩子收拾玩具，与其在旁边一直说，不如陪他一起收拾，让孩子跟着你做，俗话说："坐而言不如起而行。"就是最好的教导！

**小贴士**

（1）模仿是孩子的天性，家长们要有意识地引导孩子去模仿，培养孩子的注意力和观察能力。

（2）妈妈要引导孩子辨别好坏，对坏的行为要及时制止。

# 如何对待不同性格的孩子

前一篇提到的聪聪的妈妈向我诉说她遇到的带娃“瓶颈”，聪聪是第二个孩子，聪聪的妈妈觉得自己有带娃经验，却没想到被两个个性迥异的孩子折磨到崩溃。大宝的性格沉静，喜欢搭积木之类操作性强的玩具，而二宝聪聪喜欢拿着弹弓、玩具枪到处扮演警察。在大宝身上积累的育儿经验对二宝几乎没用。

有研究发现，对待不同性格的孩子，教育的方法是完全不一样的，方法不对，教育孩子的效果往往适得其反。

日常生活中，人们都有自己的选择和偏好，比如喜欢什么款式的服装、什么颜色的物品等。父母在与孩子沟通的过程中，也要注意方式方法，根据孩子的气质、个性的不同选择不同的沟通方式。孩子身上总会存在一两处明显的性格特征，例如大宝性格沉静，自尊心强，犯了错误稍加指出就可以改正；二宝聪聪性格顽皮，批评教育很难奏效，需要更严厉的方式才能让他记住教训。如果妈妈们对此不加以重视，很容易选择不恰当的沟通方式，给孩子造成心理伤害。因此，父母应该了解孩子的性格特征，帮孩子扬长避短，重新找回自信。

每个孩子都是一种花，只有父母们因地制宜地耐心浇灌，花儿才能绽放出真正的美；如果不顾每种花的习性，一味蛮干，花儿只会在痛苦中慢慢枯萎。

我们目前的教育注重所有的孩子都必须达到某些“标准”才能顺

利进入好学校。在这个过程中，凡是不能达到标准的孩子，都会被好学校拒之门外。父母的焦虑程度可想而知，一旦发现孩子“不达标”，就会倾其所有，强制孩子达到标准。父母更喜欢听话懂事、学习好的孩子，而对于那些“顽劣”的孩子往往不知所措。父母要学会多从不同的角度欣赏孩子，帮助孩子探索更广阔的世界。重倾听，但不“百依百顺”；守规则，但不“墨守成规”。

每个孩子都是独一无二的，关键是要找准孩子的定位，发现孩子的独特之美。

为什么妈妈说的话孩子听不进去？很大的一个原因是：妈妈并不了解自己的孩子。想要了解孩子，父母需要了解我前面提到过的儿童发展的普遍规律，每个孩子脾气不同，这里的“脾气”指的是心理学中的气质类型。气质本身是由先天决定的，没有好坏对错之分，后天能够改变的可能性微乎其微。家长要做的就是接纳孩子的气质，然后根据每个孩子的特点，使用不同的教育方式。

### 1．胆小的孩子

有些孩子对新事物的接受比较慢，当他们接触陌生人时，往往会表现得胆小、羞怯。家长在面对这种性格类型的孩子时，千万不要使用“激将法”。如果你想通过使用“胆小鬼”之类的语言激发他的胆量，后果往往会事与愿违。

家长应该这样做：先让他旁观，然后鼓励他，如果孩子不想接触陌生人，也不要训斥他，给孩子多留些准备时间；需要面对新的情境时，可以耐心地跟孩子解释，让他有个心理准备，不要让他突然面对。

在生活中，家长不要随意改变孩子熟悉的环境，因为孩子不容易适应新的环境。如果孩子做得比较好，家长要及时给予积极的反馈。比如孩子今天主动和小朋友分享食物，家长可以表扬他：“你今天真有爱心。”家长也可以让孩子参加集体活动，如合唱、集体朗诵等，慢慢培养孩子的自信。

### 2. “多动症”孩子

有些孩子精力旺盛，活泼好动，似乎一刻也停不下来。他们会经常弄坏家里的东西，在学校里“坐不住”，很多家长、老师会怀疑孩子是否有多动症。

面对这种精力充沛的孩子，妈妈们要认识到一个问题，精力旺盛本身不是坏事，孩子不是故意捣蛋。妈妈们需要帮助孩子消耗多余的精力，比如让孩子多参加体育运动，帮助家长做家务。同时妈妈们也要给孩子制定规则，帮助他学会自我克制。这类孩子在面对自己喜欢的事情时，很容易安静下来，妈妈们要做的就是要帮助孩子“找到兴趣”。

### 3. 易分心的孩子

容易分心的孩子是让妈妈们头疼的对象。这类孩子集中注意力的时间较短，做事容易拖拖拉拉，妈妈们总是会不停地催促。

但是妈妈们想过这类孩子的优势吗？当他们情绪低落时，很容易被安抚；当他们面对新事物时，很容易产生兴趣。面对这类孩子，妈妈们需要保持环境的单调，避免孩子被新鲜事物分心。同时培养孩子的兴趣，当孩子做自己喜欢的事情时，注意力就很容易集中。

### 4. 暴躁或抑郁的孩子

这类具有“戏剧性气质”的孩子很容易走在情绪的两个极端。暴躁的孩子发脾气时像头小兽，大哭大闹、撒泼打滚；而抑郁气质的孩子就像一株植物，生气时也十分安静。家长在面对暴躁的孩子时，要尽量保持平和的语气语调，了解孩子发脾气的原因，做到“温和而坚定”；在面对抑郁气质的孩子时，家长可以多调动孩子积极的情绪，帮助他建立新的视角，让他慢慢开朗起来。

### 5. 敏感、细心的孩子

敏感、细心的孩子很容易对环境中的细微变化，如色彩、声音等产生反应，他们在人际交往中也特别在意他人的目光。当敏感、细心的孩子与大大咧咧的家长交锋时，很容易发生矛盾。他们像小猫，有着极强的洞察力，在艺术上往往很有天赋。家长如果能发掘出他们的艺术潜质，他们会得到很好的发展。这类孩子往往很善解人意，但同时也特别爱面子，承受力较差，家长不要当面指责他们，稍微提点即可。

### 6. 慢热的孩子

这类孩子在做事时进入状态较慢，但是一旦进入就会非常专心、专注。父母们可以在孩子做事前帮助孩子预热，特别需要注意的是，父母们不要拿别人家的孩子说事，以免伤害孩子的自尊心。

每个孩子都是这个世界的唯一，父母们要尊重他们的差异，不但要在生活上给予他们关爱和照料，经济上给予一定的保证，更要在精神层面上给予他们支持。当孩子需要父母的时候，父母能给他温暖的陪伴；当孩子恐惧无助的时候，父母能给他安抚和指引；当孩子出现行为偏差时，父母能耐心教导，并自始至终告诉孩子：“我们爱你！”

**小贴士**

每个孩子都是独一无二的，关键是要找准孩子的定位，发现孩子的独特之美。孩子的气质是先天决定的，没有好坏对错之分。家长要做的就是接纳孩子的气质，然后根据每个孩子的特点，使用不同的教育方式。

# 建立安全型依恋模式

依然拿聪聪举例，聪聪 15 个月大，会叫“妈妈”了。每天跟在妈妈的后面奶声奶气地叫着，一刻也不愿意分开。聪聪的妈妈颇为苦恼，对我抱怨道：“聪聪太黏人了，想干点自己的事情好难啊！”

或许很多妈妈都有这样的疑惑，怎么 6 个月以后的宝宝这么黏人呢，而且只黏着跟自己最亲近的妈妈。其实，6 个月大的婴儿已经跟妈妈形成了亲密的连接——依恋。

依恋是指幼儿和他的照顾者（一般是母亲）之间存在的一种特殊的情感关系。它产生于亲子互动的过程中，具有保护身体和缓解焦虑的功能。依恋也有社会学意义，它可以为儿童提供早期的人际交往经验。如果儿童没有建立起良好的依恋模式，会影响到他们的心理健康发展。

简单来讲，儿童的依恋模式影响着他们长大成人以后的人际交往模式，健康的依恋模式是儿童身心健康发展的基础。

儿童的多重依恋现象指的是儿童对多个对象形成依恋，这种现象存在于大多数家庭中。当儿童遇到危险或挑战时，他们会从不同的对象身上学习解决问题的办法。在一个家庭中，儿童与家庭成员之间的互动模式直接影响着他早期的心理发展。

有研究表明，当人感到恐惧和紧张时，大脑会释放出大量的应激激素——皮质激素。如果儿童的依恋模式为安全型依恋，他们在面对类似情境时会产生数量较低的皮质激素。由此可以看出，与照顾者建立了亲密而温暖的依恋关系的婴儿，能够在以后的生活中更好地应对压力与挫折。父母与孩子建立的依恋关系的好坏，会直接影响孩子的大脑发育。

英国精神分析师 Bowbly 为依恋关系的发展划分了 4 个阶段。

第一阶段：婴儿对所有人的反应都一样，叫作无差别的反应期（0~6 周）。

第二阶段：婴儿对人的反应有了选择性，更喜欢对母亲和熟悉的人微笑，叫作依恋关系建立期（6 周到 6~8 个月）。

第三阶段：婴儿开始特别愿意和依恋对象（大多是母亲）在一起，如果母亲离开，婴儿会产生分离焦虑。在这一时期，父亲和其他重要的照顾者也可以成为婴儿依恋的对象，叫作依恋关系明确期（6~8 个月到 2 岁）。

第四阶段：在这个阶段，孩子已经有了自我的意识，他们会开始尝试理解其他人的想法。这个阶段的孩子会考虑母亲的爱好和需要，并据此调解自己的情绪和行为，这个阶段叫作交互关系形成期（2 岁后）。

当孩子到三四岁的时候，他们能意识到母亲是个有感情的独立个体。为了与母亲更好地互动，孩子会了解他人的想法并设身处地为他人考虑。

另外，依恋之情的窗户之所以在 6 个月时才打开，主要还是受限于脑前叶的缓慢发育。依恋产生之前，宝宝还必须拥有另一个认知能力，即明白物体是永恒存在的，宝宝要知道人和事物虽然离开了自己的视线却依旧存在。如果宝宝对人或物一点儿记忆都没有，也就无所谓产生依恋之情了。

依恋可以分为以下 3 种类型。

安全依恋型：如果宝宝在妈妈不在的时候出现不安和焦虑，甚至开始哭，不再理会房间里的玩具；但在妈妈回来后就变得乖巧，重新开始玩耍，说明妈妈能给宝宝带来一种安全感。这样的宝宝长大之后会对周围的人也产生信赖感。在受到挫折的时候，他依然坚信别人对自己的关怀和支持。他是一个相信爱的孩子，他相信别人对他的爱，也会对别人付出爱。

回避依恋型：宝宝并不寻求接近妈妈，而且在妈妈离开后看起来似乎并不难过。当妈妈回来时，会假装没有看到妈妈，或故意转过身背对妈妈。总之，宝宝对妈妈十分冷淡。大约有 20% 的 1 岁宝宝属于这个类型。

矛盾依恋型：宝宝对妈妈表现出一种既积极又消极的混合反应。刚开始时，矛盾型宝宝会紧紧地挨着妈妈，几乎不离开妈妈半步。宝宝甚至在妈妈准备离开前就显得十分焦虑，当妈妈真的离开时，宝宝会大哭大闹。然而一旦妈妈回来，宝宝又表现出矛盾的反应，一方面寻求和妈妈的接近，另一方面却又踢又打，明显十分生气。有 10%~15% 的 1 岁宝宝属于这个类型。

儿童与父母的依恋关系的质量直接决定了他未来的发展。

如何建立安全的依恋关系呢？

### 1. 妈妈的陪伴

对于婴儿来说，母亲是他生命中最重要的人。婴儿一切的生理需求，如吃饭、喝水、拉尿等，都需要通过哭闹的方式让母亲知晓。这个时期的母子处于“共生期”，母亲需要细致、耐心地及时满足婴儿的各种需求，帮助婴儿建立良好的亲子依恋模式。母亲要通过抚摸、搂抱等肌肤接触的方式表达对婴儿的爱。当婴儿看到母亲柔和的目光，聆听母亲悦耳的歌声，享受母亲轻柔的爱抚时，他能感受到母亲对他深深的爱，他的情绪会得以平复，他的心灵也得到了安慰。

此外，妈妈要在宝宝遇到问题时给他更多的支持，到了新的环境中或与陌生人接触时要多鼓励他，告诉他：“妈妈在这里看着你呢！”鼓励他大胆地探索和交朋友。

### 2. 培养独立意识

当宝宝到四岁的时候，家长要考虑培养宝宝的独立意识。到了这个年龄，如果孩子只是一味地依赖家长，没有独立意识，对他今后的发展会产生不良影响。但是需要注意的是，培养独立意识不是一朝一夕的事情，不要急于求成。

2~3 岁是儿童的自我意识萌芽期，这个阶段的孩子语言表达能力和动手能力都有了显著提升，他们对周围世界的探索范围也逐步扩大。所以，家长要通过各种方式帮助孩子建立独立意识。要让孩子逐步认识到，自己已经具备了“自己的事情自己做”的能力，不需要总是依靠成人的帮忙。要充分发挥孩子的主体作用，有意识地培养孩子的自主意识和独立意识。

### 3. 良好的家庭氛围

有研究表明，很多人的不安全感都源于童年时父母的争吵或者离异。父母之间的不和谐关系会让孩子感觉自己被抛弃了，因此，营造良好的家庭氛围是非常重要的。

家庭是孩子的成长基地，孩子绝大部分时间都在家中度过。家庭成员的兴趣爱好、生活习惯以及营造的家庭氛围对孩子的影响是潜移默化的。父母要尊重孩子，把孩子看作家庭中的重要一员，要平等对待孩子，不能让孩子没有半点自主权。父母还要给孩子有效的陪伴，有意识地培养其独立意识，及时鼓励和肯定孩子正当的行为，制止和纠正不良的行为。对待孩子要有耐心，不能使用暴力。当孩子能把父母视为与自己平等的朋友时，家庭教育就初见成效了。

**小贴士**

（1）儿童的依恋模式影响着他们长大成人以后的人际交往模式，健康的依恋模式是儿童身心健康发展的基础，要培养他们安全型的依恋模式。

（2）建立安全型的依恋模式需要妈妈的耐心陪伴，培养孩子的独立意识，营造良好的家庭氛围。

## 读懂孩子的不同情绪

父母都希望和孩子建立安全的依恋模式，想要和孩子建立密切的亲子关系，那么读懂孩子的情绪就是一门非常重要的功课。

当孩子出现负面情绪的时候，如果妈妈能够看见孩子的负面情绪，理解孩子的负面情绪，帮助孩子调节心情，亲子关系的质量就会显著提升；如果妈妈不能接纳孩子的负面情绪，并且将自己的情绪发泄到孩子身上，那么孩子就会觉得妈妈不理解他，容易产生对抗心理，亲子关系的质量就会受到损害。

儿童大脑发育最快的时期是在 0~6 岁，在这个时期，如果父母对孩子过于严苛，经常粗暴地对待孩子，强迫孩子做很多他不喜欢的事情，孩子会感受到巨大的心理压力，导致压力荷尔蒙的分泌。如压力荷尔蒙分泌过量，会严重损伤孩子快速发育中的大脑，孩子的注意力和学习能力都会受到影响。

有研究表明，家庭环境对孩子的大脑发育也起着关键作用。如果父母长期处于敌对状态，不论他们使用热暴力还是冷暴力，孩子的大脑都会出现创伤。所以，父母要营造良好的家庭氛围，让孩子感受到足够的安全感。

有研究表明，一个在 4 岁时接受过情绪管理训练的孩子到了 8 岁，阅读能力和数学成绩均会比同龄人高出许多，甚至 IQ 值也会高于同龄人。在生命的最初，当孩子有了情绪的时候只懂得通过哭泣、摔东西等行为将情绪表达出来。此时，如果妈妈不懂孩子的情绪，认为这孩子就是爱闹、爱作，故意打击他、忽略他，那么孩子的内心就会很不安和彷徨。

如果妈妈能够识别并接纳、包容孩子的情绪，那么母子之间的亲子关系会变得越来越和谐，孩子会更容易控制自己的情绪。

### 1. 0~6 岁孩子的情绪表达方式

0 到 1 岁半的时候，孩子还不能清楚地表达自己的想法，但是可以通过微笑、哭泣等方式来表达自己的情绪。当孩子可以用简单的句子表达时，他们的表达形式会很奇妙。例如，当他说“我讨厌妈妈”时，可能是因为妈妈不给他买棒棒糖；当他从幼儿园放学后说“老师给了我一个小贴纸”时，他在表达他的开心与喜悦。

孩子 3 岁以后可以使用简单的语言来表达情绪，而且会与对方有眼神的交流。

当孩子到了 4 岁以后，他会使用更多的表情来表达情绪，等他长到 5~6 岁时，表达情绪的方式就更加多样化了。

例如，孩子会说：“外面太黑我害怕。”如果他的语言发展相对滞后，他很可能不会使用“害怕”这样表达情绪的词语，只会说“外面太黑”。

父母要关注到孩子的害怕。孩子要到 5~6 岁以后才会正确使用表达情绪的词语。在这之前，当孩子只说“外面太黑”时，家长不能理解孩子想要表达的内容。其实绝大多数孩子对黑暗都是有恐惧的。所以，如果孩子说“外面太黑”之类的话，家长要知道他们要表达的是害怕的心情。

由于教育观念的不同，有些隔代抚养的孩子在情绪管理方面会有些缺陷，老人可能不太能够理解孩子的真实想法。比如同样是哭泣，经常和孩子互动的细心的妈妈会通过哭声的节奏和音调的不同，辨别出孩子的真实需求，但是老人可能只关注孩子饿不饿。

再比如说，孩子不经意地说：“那个阿姨不高兴了。”“嗯，小明不高兴了。”对于孩子来说，“不高兴”的内容是不一样的：可能是老师批评了他，可能是好朋友和他闹别扭了，也可能是没有得到他喜欢的玩具……孩子还无法直接陈述不同的事件，只会用“不高兴”来表达。

### 2. 微妙表情可能影响孩子一生

心理学有个小实验：让孩子通过图片上的人脸来辨别对方的情绪。结果发现，大多数 3 岁的孩子都能准确辨别。

孩子对家长情绪的识别能力是惊人的，有些家长在孩子做了错事之后，口头上说“我不生气”“我原谅你了”，但会表现出不屑或讨厌的神情。

家长们误以为孩子年龄小，看不出自己的心思。家长们低估了孩子的能力，当孩子发现父母的言行不一致时，第一反应是：妈妈没有原谅我，我又让妈妈不高兴了，我并不是个好孩子。在家长看来一个正常的表情，却会让孩子产生内疚的感觉。

### 3. 帮助孩子管理情绪

妈妈们现在就可以帮助孩子，不用等到孩子长大成人，经历过多次挫折、遗憾后才意识到情绪管理的重要。

家长要想培养孩子的情绪管理能力，就需要营造良好的家庭环境。首先，父母自己要学会情绪管理，不随便对孩子发脾气，不拿孩子当出气筒，为孩子提供一个安全、温馨的环境。其次，家长要用欣赏的眼光看待孩子，让他们能有足够的安全感，可以自由地表达情绪。

最简单的方式就是分享生活中发生的事情和自己的心情，丰富表达情绪的词汇，例如开心、难过、不舒服、快乐、生气、愤怒……当大人开始分享内心感受的时候，孩子也会尝试使用相仿的句子和词汇来表达自己的心情。

**小贴士**

（1）压力荷尔蒙如果分泌过量，会严重损伤孩子快速发育中的大脑，孩子的注意力和学习能力都会受到影响。

（2）如果妈妈能够识别并接纳、包容孩子的情绪，那么母子之间的亲子关系会变得越来越和谐，孩子会越容易控制自己的情绪。

# 读懂孩子的行为密码

有些妈妈觉得帮助孩子管理情绪很难，因为有些太小的孩子不会表达自己的情绪。那么通过观察孩子的行为，也可以帮助妈妈了解孩子的内心。

孩子的行为背后，隐藏着许多小秘密。都会是什么样的秘密呢？每一位年轻的妈妈都很想破译这些行为密码。滋养孩子心灵的关键是积极关注孩子的内心成长，想要进入孩子的内心，就需要理解孩子，破译孩子的行为密码。

## 行为一：撒谎

撒谎是父母十分反感的一种行为，可是你真正了解孩子撒谎背后的含义吗？儿童心理学表明，孩子根本不明白撒谎和品德之间的关系。

谎言有很多种，比如想象型谎言、取乐型谎言、虚荣型谎言、模仿型谎言、侠义型谎言和被迫型谎言。

孩子的谎言以想象型谎言、虚荣型谎言和取乐型谎言为主，偶尔会有被迫型谎言。这些谎言都没有恶劣的欺骗性质，都不是真正意义上的谎言。

如果孩子撒谎是为了掩饰自己的错误，但能及时地承认错误，妈妈应当给予表扬而不是责怪，这样就可以纠正孩子撒谎的问题。当孩子第一次撒谎时，家长要先弄清楚孩子撒谎的原因，不要只是一味地指责，而是让他了解撒谎的坏处。

多鼓励孩子说实话，了解他撒谎的真实目的，去开导他，并对他的诚实给予认可，不要因为他说了你不愿意听的实话而吼他，让他觉得不应该说实话。

不要随便指责孩子，不要强求孩子去改正错误，而是委婉地让孩子认识到自己的错误。不要因为撒了谎而给孩子太大的压力，他可能觉得自己撒个谎就不会让家长太失望。

作为孩子的第一任老师，妈妈要以身作则，不要对孩子撒谎，更不能向孩子许诺不能兑现的事情。

### 行为二：爱打人骂人

最近浩浩不知道在哪里学了些污言秽语，还动手打了其他小朋友，真是愁坏了他的妈妈，明明家长都是文明人，孩子为何会这样？这让浩浩的妈妈一时间不知道该如何进行教育。

当孩子特别喜欢打人骂人，并且屡教不改时，父母需要引起足够的重视。

孩子打人骂人的原因有很多，有可能是因为他没有安全感，通过这种方式保护自己，也有可能是受到家庭环境的影响。父母要找到原因，避免这种情况愈演愈烈。

打人是一种常见的攻击性行为，儿童（特别是两岁左右的男孩），会经常做出这种行为。它只是该年龄段儿童的特点，并不能代表将来。早年爱打人的孩子，长大后不一定就是凶残、暴虐的。

儿童心理学家皮亚杰认为：儿童在两三岁时，自我意识开始萌芽，儿童会以自我为中心，对于自己不喜欢的人或物体，会用手直接“去除”。这在家长看来就是“打人”。如果孩子缺乏交往技能，不懂得如何沟通，他会直接用动作来表达自己的感受。

当孩子出现这种行为时，家长一定不能听之任之，而要帮孩子纠正这种行为，并教给他正确的处理方法。

当孩子打人时，妈妈要立即抓住他打人的手，同时用坚定的目光注视他的眼睛，等孩子情绪平稳，认识到自己犯了错时，再告诉他打人是不对的，妈妈不喜欢他这种行为。要给孩子立好规矩，并且反复、具体地告知家长对他的要求。当然，这不是一两天能见效的，家长要有心理准备。

### 行为三：爱哭

孩子哭的时候，内心一定有某种“感情”在活动。把着眼点放在这一方面，才是解决问题的关键。

这种内心的感情有时是伤心，有时是无聊、寂寞，当然也有生理原因，比如因疼痛或者燥热等原因引发的哭泣。如果孩子特别爱哭，很有可能是因为他想要得到妈妈的安慰。

当面对爱哭的孩子时，请家长放下对他们的评判。这类孩子多半是希望家长能理解他的心情才哭的。如果只是让他别哭了，而不是接纳孩子的情感，那么孩子会一直哭下去。

很多家长会给孩子讲大道理，却忽视了孩子的情感。只有当你接纳孩子时，他才能心情舒畅，才能停止哭泣的行为，并且逐渐克服爱哭的毛病。

很多时候，孩子遇到困难解决不了，只能通过哭来寻求帮助，这当然是能理解的。为什么很多孩子会选择哭当作第一法宝，因为哭最有效。我们要告诉孩子，通过其他方法也能解决问题。比如遇到困难的时候，可以通过语言寻求帮助：“妈妈，帮帮我。”父母要教会孩子如何求助。

### 行为四：嫉妒

很多家长不能理解孩子之间的嫉妒，认为孩子嫉妒是品德有问题。其实孩子是在与同伴的对比中，感受到别人比他优秀，这时孩子会有一种不安、痛苦或怨恨的情感，这就是嫉妒。

嫉妒是人类的一种正常情感，是难以避免的。可是如果妈妈放任孩子的嫉妒心滋长，那么就会使得孩子产生性格上的缺陷。正确地评价孩子有利于孩子树立准确的自我认识，削弱嫉妒心理。妈妈要学会正确地评价孩子，不要害怕孩子骄傲就减少夸奖孩子的次数。妈妈的肯定与赞扬对孩子来说无比珍贵，但是也不要过分赞赏孩子，故意夸大他的成绩。

孩子的嫉妒需要家长的正确引导，如果家长运用的方式正确，孩子会把压力变成动力，积极向上，养成良好的品德。反之，会对孩子的心理健康产生不利的影响。

**小贴士**

破译孩子的行为密码，妈妈要做孩子的榜样，表扬孩子的正确行为，引导孩子改正错误行为。

# 抓住孩子发展的敏感期（上）

心理学研究表明，儿童的成长受其内在精神动力的推动，有着自身发展的规律。他们的成长要通过自身与外界环境进行不断地有意识的、自主的、独立的活动来实现。

成人如果想促进孩子成长，关键在于给他们提供一个安全的、有爱的环境，尊重并理解孩子的独特性，对孩子的行为尽量做最少的干预和指导。孩子自然会知道自己想做什么，该如何做。在一次又一次的探索中，他会逐渐成长起来。

妈妈们要了解并顺应孩子发展的自然规律，通过对孩子发展敏感期的把控，让教育效果事半功倍。

大家都听说过“3 岁看大，7 岁看老”，为什么这么说呢？因为和孩子成长有关的 31 个敏感期，全部都发生在孩子 7 岁之前。

7 岁之后，孩子的性格、习惯已经成形了，教育的效果将大打折扣。

下面，我按照时间顺序给大家介绍一下孩子成长过程中的敏感期。

**表 1　孩子成长过程中的敏感期**

| 序号 | 名称 | 年龄段 | 特点 | 建议 |
| --- | --- | --- | --- | --- |
| 1 | 光感敏感期 | 0~3 个月 | 对光非常敏感，需要适应白天和夜晚的光线差异 | 1. 白天保证房间光线充足，晚上关灯睡觉<br>2. 可以多看黑白图册 |
| 2 | 味觉发育敏感期 | 4~7 个月 | 可以通过口腔感觉到酸、甜等味道 | 添加辅食，不加调味品 |
| 3 | 口腔敏感期 | 4~12 个月 | 喜欢吃手，用口探索外部世界 | 保持手部卫生，不阻止孩子探索 |
| 4 | 手臂发育敏感期 | 6~12 个月 | 喜欢扔东西 | 不阻止，保证安全 |
| 5 | 大肌肉发育敏感期 | 1~2 岁（小肌肉 1.5~3 岁） | 喜欢扶、站和行走 | 在保证孩子安全的前提下，多让他熟悉肢体动作，多开展亲子互动游戏 |
| 6 | 对细微事物感兴趣敏感期 | 1.5~4 岁 | 喜欢观察细节，有时会长时间重复某些动作 | 家长可以引导孩子带着疑问和想法观察世界 |
| 7 | 语言敏感期 | 1.5~2.5 岁 | 对语言敏感，是学习母语的重要时期 | 1. 给孩子提供良好的语言环境，如多读故事绘本，多用丰富的词汇对孩子说话<br>2. 鼓励孩子表达 |

（续表）

| 序号 | 名称 | 年龄段 | 特点 | 建议 |
| --- | --- | --- | --- | --- |
| 8 | 自我意识敏感期 | 1.6~3 岁 | 能区分“我”和“你”的界限，通过说“不”表达自我意识，以自我为中心 | 1. 对孩子的行为（如打人、咬人等）进行制止，不谴责，不说教<br>2. 这是孩子最重要的敏感期，家长要保护好孩子，有意识地培养孩子的自我意识 |
| 9 | 社会规范敏感期 | 2.5~4 岁 | 喜欢交朋友，参加群体活动 | 1. 扩大孩子的社交面，多和他人接触<br>2. 教会孩子遵守社会规范和日常礼节 |
| 10 | 空间敏感期 | 3~4 岁 | 喜欢与空间有关的游戏，如搭积木、钻箱子等 | 1. 多提供类似的玩具供孩子玩耍<br>2. 可以让孩子学习简单的几何图形 |
| 11 | 色彩敏感期 | 3~4 岁 | 喜欢不同的色彩，在生活中寻找不同的色彩刺激 | 1. 是人类认知发展的开端<br>2. 可以多给孩子提供各色颜料、画笔和彩泥等 |
| 12 | 逻辑思维敏感期 | 3~4 岁 | 喜欢问“为什么” | 1. 对孩子的问题耐心回复<br>2. 若家长不知道答案，可以和孩子一起学习 |

（续表）

| 序号 | 名称 | 年龄段 | 特点 | 建议 |
|---|---|---|---|---|
| 13 | 动手<br>敏感期 | 3~4 岁 | 喜欢各种手工，如剪、贴、涂等 | 1. 是孩子有意识地使用工具的开始<br>2. 有助于建构孩子专注的品质<br>3. 提供需要的材料，不打扰孩子 |
| 14 | 占有<br>敏感期 | 3~4 岁 | 喜欢占有和支配的感觉 | 为孩子提供独立空间（房间或区域），进入孩子的区域要征得他的同意 |
| 15 | 执拗<br>敏感期 | 3~4 岁 | 喜欢什么事情都按照自己的想法处理，否则情绪会有剧烈变化 | 1. 对这个阶段的孩子要有足够的耐心和爱护<br>2. 家长可以学习安抚的技巧 |

### 1. 光感敏感期（0~3 个月）

特点：对光非常敏感，需要适应白天和夜晚的光线差异。

建议：可以给宝宝多看黑白图册。

### 2. 味觉发育敏感期（4~7 个月）

特点：可以通过口腔感觉到酸、甜等味道。

建议：添加辅食，不加调味品。

### 3. 口腔敏感期（4~12 个月）

特点：喜欢吃手，用嘴探索外部世界。

建议：家长要注意保证孩子手部的卫生，不阻止孩子的探索活动。

### 4. 手臂发育敏感期（6~12 个月）

特点：喜欢扔东西。

建议：在保证孩子安全的前提下，不阻止孩子的活动。

### 5. 肌肉发育敏感期（大肌肉 1~2 岁，小肌肉 1.5~3 岁）

特点：喜欢扶、站和行走。

建议：当孩子学会走路，能独立行动时，家长要注意保证孩子的安全，并给他充分的空间允许他进行各种肢体运动。比如多做亲子互动游戏、多进行精细动作的训练等。多做运动不仅能增强身体的平衡能力，对孩子的智力发育也能起到有利作用。

### 6. 对细微事物感兴趣敏感期（1.5~4 岁）

特点：这个阶段的孩子会对周围的细小事物特别感兴趣，他们对细节的敏感程度远远超过成人。有时他们会做出一些单调、重复的动作，比如长时间盯着某些东西看、重复玩某个玩具或游戏等。

建议：家长可以有意识地引导孩子带着疑问和想法去观察世界。

### 7. 语言敏感期（1.5~2.5 岁）

特点：从咿咿呀呀地发出声音到学会说话，嘴巴动个不停。

建议：家长需要给孩子提供良好的语言环境，通过口型的模仿，孩子可以自然而然地学会母语。家长需要在平时的交流中，有意识地使用丰富的词汇、夸张的表情、多变的语气语调，借助绘本故事书、有声资料，从各个方面丰富孩子的语言环境。如果孩子说话比较晚，不是疾病因素，就有可能是环境的影响，家长需要鼓励孩子自我表达。

### 8. 自我意识敏感期（1.5~3岁）

特点：可以区分“我”和“你”的界限，这个时期的儿童已经逐步有了自我意识，他们会通过多种方式，如打人、咬人等动作，或者说“不”的行为来明晰“我的”和“你的”边界。他们会以自我为中心，一切都想让别人按照他们的意愿行事，如果不满足他们的意愿，就会大哭大闹或生闷气。

建议：当孩子出现不良行为时，家长要及时制止，但是不要去跟孩子讲道理，也不要去指责孩子，更不要强迫孩子道歉。家长做到“温和而坚定”即可。

### 9. 社会规范敏感期（2.5~4岁）

特点：喜欢交朋友、参加集体活动。

建议：家长可以帮助孩子扩大社交范围，让他们和更多的小伙伴交往。这个时期可以教会孩子遵守社会规则和日常的礼节，有助于孩子日后遵守社会规范。

### 10. 空间敏感期（3~4岁）

特点：喜欢搭积木、钻箱子等游戏。

建议：家长可以给孩子提供很多有空间感的玩具和运动，如搭积木、钻箱子等。也可以教孩子认识几种简单的几何图形。

### 11. 色彩敏感期（3~4岁）

特点：这是人类认知发展的开始，孩子对色彩产生了浓厚兴趣，喜欢各种不同色彩的刺激。

建议：尽量为孩子提供多种色彩的颜料、画笔和彩泥等工具。

### 12. 逻辑思维敏感期（3~5 岁）

特点：喜欢问“为什么”。这个时期的孩子是小小科学家，他们喜欢不停地追问。通过家长的解答，孩子开始形成逻辑思维，在认识客观世界的同时也发展了思维能力。

建议：对待孩子的提问，家长一定要耐心地回答，不能敷衍地说：“你现在还小，长大就懂了。”这会极大破坏孩子的好奇心。如果家长遇到不懂的问题，可以和孩子一起查阅相关资料，在这个过程中，既能培养良好的亲子关系，也能帮助孩子建立科学的思维方式。

### 13. 动手敏感期（3~4 岁）

特点：这个阶段的孩子开始有意识地使用工具，他们非常乐意选择剪、贴、涂等手工来训练自己的手部肌肉和手眼协调能力。这些工作也会帮孩子建构专注的品格。

建议：家长尽量给孩子提供各种材料和工具，当孩子专注于手工时，做到尽量不打扰。

### 14. 占有敏感期（3~4 岁）

特点：这个阶段的孩子开始对物品有强烈的占有欲和支配欲。当别人拿了他的玩具时，他会非常气愤地说：“这是我的，不是你的！”只有当孩子有了占有的意识后，才会渐渐学会分享。

建议：给孩子提供一个独立的空间，比如专属于孩子的游戏区、房间等。家长要尊重孩子，在进入孩子的空间时要征得孩子的同意，不能随意进入。

### 15. 执拗敏感期（3~4 岁）

特点：这个阶段的孩子非常在意秩序感，对于做事的顺序往往不知变通。如果这个顺序被打破，孩子的情绪会产生强烈的变化，比如哭闹、生闷气等。在家长看来这是孩子“任性”和“胡闹”，但是家长要理解，执拗正是这个时期孩子的特点。

建议：家长要理解孩子的行为，对孩子要有足够的耐心和爱心。同时，家长也可以学习一些安抚的技巧，帮助孩子顺利度过该敏感期。

**小贴士**

家长如果想促进孩子成长，关键在于给他们提供一个安全的、有爱的环境，尊重并理解孩子的独特性，对孩子的行为尽量做最少的干预和指导。

# 抓住孩子发展的敏感期（下）

我们接着上一节的内容，一起继续了解一下孩子发展的敏感期。

**表 2　孩子成长过程中的敏感期**

| 序号 | 名称 | 年龄段 | 特点 | 建议 |
|---|---|---|---|---|
| 16 | 追求完美敏感期 | 3.5~4.5 岁 | 事事追求完美，还会上升到对规则的要求 | 尊重孩子，就事论事，不将问题扩大化 |
| 17 | 诅咒敏感期 | 3~5 岁 | 喜欢说不文明又可怕的词语，如“打死你” | 忽略，淡化 |
| 18 | 打听出生敏感期 | 4~5 岁 | 想知道自己从哪里来 | 可以借助绘本的形式对孩子进行生命教育 |
| 19 | 人际关系敏感期 | 4.5~6 岁 | 交往模式会有变化 | 家长可在人际关系方面做引导 |
| 20 | 婚姻敏感期 | 4~5 岁 | 对婚姻感兴趣，只想和自己喜欢的人玩 | 给孩子自由空间 |
| 21 | 审美敏感期 | 5~7 岁 | 注重自己的形象 | 孩子是想获得成人的肯定，家长不要批评 |

（续表）

| 序号 | 名称 | 年龄段 | 特点 | 建议 |
| --- | --- | --- | --- | --- |
| 22 | 身份确认敏感期 | 4~5 岁 | 通过自己崇拜的偶像来表达自己 | 可以进行角色扮演游戏 |
| 23 | 性别敏感期 | 4~5 岁 | 能区分谁是男孩，谁是女孩 | 可以使用绘本进行性别教育 |
| 24 | 数学概念敏感期 | 4.5~7 岁 | 经常询问数字、时间 | 通过日常生活中的购买行为帮助孩子理解数字的概念 |
| 25 | 认字敏感期 | 5~7 岁 | 对符号感兴趣，对文字有整体印象，但不能分解笔画 | 不要过早教孩子书写 |
| 26 | 绘画、音乐敏感期 | 4~7 岁 | 喜欢绘画和音乐，是孩子的本能 | 为孩子提供高品质的发展环境 |
| 27 | 延续婚姻敏感期 | 5~6 岁 | 对婚姻敏感期的延续 | 让孩子知道简单的婚姻规则，可以进行爱的教育 |
| 28 | 社会兴趣发展敏感期 | 6~7 岁 | 喜欢了解自己和他人的基本权利，喜欢遵守共同建立的规则 | 让孩子多参加社会活动，是培养社会责任感的良好时机 |
| 29 | 数字逻辑敏感期 | 6~7 岁 | 对数的序列、概念等感兴趣 | 使用简单的数学教具学习运算 |
| 30 | 动植物、科学实验、收集敏感期 | 6~7 岁 | 对自然的探索兴趣浓厚 | 给孩子提供更多的机会观察大自然 |
| 31 | 文化敏感期 | 6~9 岁 | 对探究事物的奥秘有强烈需求 | 为孩子提供丰富的文化信息 |

### 16. 追求完美敏感期（3.5~4.5岁）

特点：这个阶段的孩子注重完美，比如：饼干不能被掰碎，玩具不能有污渍，等等。之后会上升到对规则的要求，比如：所有人都必须像他一样遵守交通规则，即使没有别人监督，也必须这么做。

建议：要尊重孩子，不要将孩子的问题扩大化，对具体的问题给孩子具体分析。

### 17. 诅咒敏感期（3~5岁）

特点：特别喜欢说脏话和有些“可怕”的话，比如“臭粑粑”“打死你”等。家长、老师很可能会觉得孩子这样说话很不文明，但是在孩子看来，他的语言是有力量的，家长越是阻止，孩子会越兴奋，越喜欢这样说话。

建议：家长和老师可以做淡化处理，不要批评。我们要耐心等待这个阶段过去。

### 18. 打听出生敏感期（4~5岁）

特点：孩子在这个时期会经常询问自己从哪里来。家长不能糊弄孩子：“你是充话费送的。”这会极大破坏孩子的安全感，让孩子怀疑父母对自己的爱。

建议：家长的态度要真诚，可以使用绘本进行科学的生命教育。

### 19. 人际关系敏感期（4.5~6岁）

特点：孩子的人际交往模式会发生变化，从一对一交换玩具和食物开始，到寻找有共同兴趣的伙伴，从和许多玩伴一起玩到只和一两个玩伴交往，孩子经历了人际交往的全过程。

建议：父母可以教孩子一些人际交往的方法。

### 20. 婚姻敏感期（4~5 岁）

特点：类似于精神分析里提到的“俄狄浦斯情结”，孩子想和爸爸或妈妈“结婚”。随后，他们会将注意力转向老师和同学。无论如何，他们都希望拥有属于自己的空间。

建议：家长要给孩子自由的空间。

### 21. 审美敏感期（5~7 岁）

特点：孩子有了自己的审美标准，尤其是女孩子，她们对衣着和服饰会产生浓厚的兴趣。

建议：美是不需要被评价的。孩子在这个时期会喜欢化妆，家长和老师不要嘲笑、讽刺他们，要理解孩子行为背后的原因。其实，他们是渴望获得成人的肯定。家长和老师可以淡化化妆的行为，肯定他们自身的美好。

### 22. 身份确认敏感期（4~5 岁）

特点：在这个时期，孩子开始崇拜某个偶像，并希望借助偶像的力量表达自己。偶像可以是动漫中的英雄人物，也可以是家人，比如父亲和母亲。

建议：家长可以和孩子进行角色扮演游戏。

### 23. 性别敏感期（4~5 岁）

特点：孩子会很在意自己是男孩还是女孩，对性别有了好奇，想知道男孩和女孩的不同。

建议：家长在给孩子解释时，必须要有客观和科学的态度，不要害羞或者支支吾吾。可以使用绘本对孩子进行性教育。

### 24. 数学概念敏感期（4.5~7 岁）

特点：4 岁多的孩子会喜欢和数字相关的问题，比如：有几朵花？现在是几点？有几个小朋友？这是因为孩子对数字产生了浓厚兴趣，但是还没有逻辑思维能力。

建议：孩子还不太理解逻辑，但家长可以通过日常生活中的购物行为，帮助孩子锻炼数字能力。

### 25. 认字敏感期（5~7 岁）

特点：孩子会对文字符号感兴趣，他们会主动询问家长："这是什么字？"

建议：在这个阶段，孩子对文字有整体印象，但还没有书写的能力。家长可以用文字卡片和图形卡片相对照，帮助孩子学习文字。

### 26. 绘画、音乐敏感期（4~7 岁）

特点：音乐和绘画是人类的本能，很多妈妈都会发现，孩子对绘画情有独钟，绘画就是他们的语言；孩子对音乐的敏感度也相当高，他们会随着音乐翩翩起舞。

建议：家长可以尽量给孩子提供他们所需要的工具和材料，保护好孩子的艺术天赋。

### 27. 延续婚姻敏感期（5~6 岁）

特点：这个敏感期是上一个婚姻敏感期的延续。

建议：让孩子知道一些简单的婚姻规则，可以对孩子进行婚姻教育和爱的教育。

### 28. 社会性兴趣发展的敏感期（6~7 岁）

特点：这个阶段的孩子开始积极了解自己和他人的基本权利，喜欢遵守共同建立的规则，喜欢合作。他们会主动监督哪个同学迟到了、哪个同学不好好吃饭，等等。

建议：这个时期是培养孩子社会责任感的关键时期，家长可以多带孩子参加社会活动。

### 29. 数学逻辑敏感期（6~7 岁）

特点：与前一个关键期不同，在这个关键期，孩子对数的序列、数的概念产生了兴趣。

建议：可以通过简单的数学教具让孩子学习基本的数学运算，例如加减法。这样孩子会建立起基本的数学逻辑。

### 30. 动植物、科学实验、收集敏感期（6~7 岁）

特点：自然是孩子的老师，对孩子有着天生的吸引力。孩子在这个阶段特别喜欢亲近自然。

建议：给孩子创造更多的机会观察大自然。

### 31. 文化敏感期（6~9 岁）

特点：这个年龄段的孩子开始对探究事物的奥秘有着强烈的需求。他们的求知欲就像海绵，积极吸收大量的文化知识。

建议：父母可以为孩子提供丰富的文化信息，来满足孩子强烈的求知欲。

以上是孩子成长中的重要敏感期，这 31 个敏感期不仅是孩子学习的关键时期，更是孩子心灵成长、人格养成的重要时期。我们要尊重孩子发展的自然规律，了解孩子的心理发展状况，为孩子提供及时的帮助和支持，不要给自己和孩子的人生留下遗憾。

**小贴士**

（1）模仿是孩子的天性，家长要有意识地引导孩子去模仿，培养孩子的注意力和观察能力。

（2）家长要引导孩子辨别好坏，对不好的行为要及时对孩子做出引导。

# 第六章

# 你不是天生如此

## “都挺好”背后，折射出什么家庭关系

2019年有一部特别火的电视剧，名叫《都挺好》，该剧一播出就引发了全民热议。

网友怒怼苏明成，为苏明玉鸣不平。这部电视剧真是牵动着每一个观众的心，我的一个来访者也对我控诉起自己的爸妈：“这演的就是我！就因为我是个女孩，动不动就要忍受弟弟的欺负，就算跟爸妈告状也没用。从小到大我就没感受过父母对我真正的关心和爱！”

毋庸置疑，苏明玉是一个典型的童年时期家庭暴力（包括情绪和身体）的受害者。因为父母的偏见、忽视、打压，让她和家庭的关系逐渐冷漠、疏远。

家庭关系对于我们每个人的性格养成意义重大。

（1）早年亲子关系的质量和家庭的教育环境，决定了我们的价值观、世界观，以及人际沟通和情绪管理能力。

我们经常听到一些父母讨论自家的“熊孩子”，但其实更多的问题在于背后的“熊父母”。孩子犹如一张白纸来到这个陌生的世界，他们通过不断地观察和模仿自己的父母来学习，来认知世界。

孩子的模仿力很强，爸爸妈妈、爷爷奶奶的品行都在无形中影响着他们。有人说，父母是孩子的复印原件，孩子的行为就是父母行为的翻版。如果原件有问题，是无法复印出好的复印件的。

很多父母认为孩子年龄小，什么都不懂，就在孩子面前无所顾忌。

事实上，年龄越小的孩子对周围的环境越敏感。他们会自然地吸收周围的一切，无论好坏，并且会以惊人的方式通过各种渠道呈现出来。家长要和孩子一样不断学习，不断成长，注意自己的一言一行，为孩子树立良好的榜样。

（2）学习心理学认为，人们从表情、姿势，到说话、走路，再到后来的为人处世，都是模仿父母的结果。在模仿的过程中，孩子的人格特质得以塑造。

有人说过："你是什么人，你的孩子就是什么人。"父母的一言一行，哪怕是不经意间的流露，都会成为孩子脑海里学习的"榜样"。

### 1. 爸妈恩爱——孩子性格开朗

和谐的夫妻关系、恩爱的父母能够给孩子营造良好的家庭氛围。在这种环境下成长的孩子，性格会更平和、开朗，不乱用暴力。从小耳濡目染，孩子会对婚姻产生美好的憧憬，成年后往往会拥有健康的亲密关系。

### 2. 爸妈感情淡薄——孩子任性、自私

如果夫妻关系不和谐，情感淡漠，孩子就成了维系家庭的"保命符"。这就是人们口中的"以孩子为中心"的家庭模式。在这种家庭氛围里，孩子会被过度关注或干涉，往往会形成任性、自私的性格。

### 3. 母强父弱——男孩子不像"男子汉"

由于父亲软弱，母亲成了家里的"大母神"。随着父亲在家庭中的逐渐边缘化，母亲变得越来越强势，甚至成了家中的"霸主"。而子女会对自己的同性别家长形成性别认同。女儿如果认同了强势的母亲，就会变成强势的女儿；儿子如果认同了软弱的父亲，自己也会变得自

卑，没有担当。

### 4. 爸妈离异——孩子没安全感

现代社会婚姻的保质期越来越短，很多人都想从自认为不幸的婚姻中解脱出来。但是人们往往疏忽了最重要的一点儿：孩子的创伤。如果父母处理不当，孩子往往会终生处于担忧、恐惧、不安中。这种创伤是无法修复的。所以父母想离婚的时候，要考虑孩子的承受能力，避免孩子发生焦虑、抑郁等心理问题。

### 5. 爸妈爱相互指责——孩子敏感

有些父母喜欢互相指责，尤其是当他们在争论的时候，还会当着孩子的面指责对方。这种做法会严重影响孩子，给孩子带来深深的伤害。而且孩子也会认为父母不值得尊重，最终影响到亲子关系。

### 6. 爸妈常吵架——孩子脾气暴躁

由于孩子的认知水平有限，他们还不能理解父母吵架这件事情。当父母在孩子面前肆无忌惮地争吵时，孩子会感到深深的恐惧，安全感会受到极大冲击。在这样的环境下，孩子也会变得像父母一样脾气暴躁。

我们都希望给孩子创造和谐的家庭氛围——相互尊重、彼此体谅。所以，我们应该通过不断的学习来修正错误，自我提升，让自己成为更优质的人。只有这样，我们的孩子才能在自己的人生道路上避免重蹈父母的覆辙。

人生是一场马拉松，参赛的选手永远只有你自己。作为父母，在为孩子的养育问题而焦虑时，不妨停下来，先看一看自己的夫妻关系、家庭关系。不要让我们扭曲的家庭关系成为刺向孩子的一把刀，因为一旦刺伤，孩子就会像《都挺好》中的苏明玉一样，一生都带着伤口生活。

**小贴士**

早年亲子关系的质量和家庭的教育环境，决定了我们的价值观、世界观，以及人际沟通和情绪管理能力。

# 别把焦虑转嫁给孩子

作为心理咨询师，我习惯于观察发生在周围的事情并思考背后的原因。

在一次下班回家的路上，我遇到一个两三岁的小男孩。当时他用双手捧着一瓶牛奶，把瓶口凑到了嘴边，轻轻抬了一下瓶子，然而没喝到牛奶。小男孩重新把瓶子举高，又试了一次，可能是第一次自己喝奶，孩子把奶弄得满身都是，还洒了一地。孩子的妈妈看不下去了，当众呵斥道："你怎么这么笨，让你小心些，你还是洒了，一点儿小事都做不好，你还会做什么？"然后妈妈粗暴地从孩子的手中夺过瓶子，不再让他喝，而孩子则一脸茫然地看着妈妈。

类似的场景，想必大家经常会看到，可能自己小时候也曾经历过，也可能现在你正在这样对待自己的孩子。喝水打翻了杯子，吃饭不小心撒在桌子上，画画弄花了家里的墙壁，孩子犯的这些小错，时常让家长无名火起，抓起孩子就是一顿"爱的教育"。美其名曰："这是在进行家庭教育，是为了孩子好。"

可事实却是：不允许孩子犯错才是家庭教育犯的最大错误！

研究调查发现：那些从小不被允许犯错的孩子，长大后很可能会犯更大的错误！

就像开头所说的那个孩子，他正在尝试自己喝奶，但是这个过程却让父母无法忍受，觉得孩子洒了奶就是犯错，于是制止了孩子的行为。这对于孩子而言，无疑是丧失了一次培养探索能力的好机会。要知道，犯错是人成长的必经过程，是孩子的权利。孩子只有通过不断地犯错才能获得足够的经验。

孩子犯错是在所难免的，身为父母的我们，不能对孩子的错误大声呵斥。同时，我们还要去考虑如何让孩子从错误中汲取教训，这样才会产生好的效果。比如孩子偷吃水果摊上的水果时，家长不应该责骂、惩罚孩子，而是让孩子去归还水果，并跟水果摊老板道歉，同时取消他一次买玩具的机会，让他知道吃水果是被允许的，但“偷”这个行为是不被允许的，而当他做了不被允许的行为时，就需要自己去承担后果。当父母采用这样的方式来对待孩子的错误行为时，不仅让孩子改正了“偷”这个行为，还让孩子认识到了自己犯的错误要自己担起责任，这样，孩子才能真正从错误中学到有用的道理。

儿童心理学表明，当孩子犯错后，因为担心犯错会引发对自己不利的后果，所以他会感到后悔和恐惧。此时，父母如何处置这件事情对孩子来说至关重要，当孩子犯了错，父母应该怎么做呢？

### 1. 听一听孩子的想法

当我们看到孩子犯了错误，不要着急进行责罚，可以先站在孩子的角度思考一下，孩子犯错误的原因是什么？有时，孩子在犯了错以后，并没有意识到自己做了错事，这时父母一定要听一听孩子内心真实的想法，然后再引导孩子去承认错误，让孩子意识到自己错在了哪里。父母这样做，一方面可以做到尊重孩子；另一方面，通过亲子间的真诚沟通，父母也能知到孩子内心最真实的想法。

### 2. 孩子犯了错，不要打骂

为了让孩子在最短的时间内改正错误，有的父母会采取打骂的方式，孩子出于对父母的恐惧，在父母面前会表现得很乖。但是，只要离开了父母的视线范围，孩子依然会犯同样的错误，甚至变本加厉。

父母一定要明白，惩罚“治标不治本”，前期看上去很有效，后期却一点儿效果都没有。与此同时，惩罚还会造成孩子内心的叛逆。

因此，父母在教育孩子的时候一定要选择合适的时机，等孩子的心态平稳之后再进行教育。有时，孩子已经认识到了错误，但是还处在恐惧之中，如果这时父母盲目说教，会在无形中加深孩子的恐惧感，孩子不接受你的说教也在情理之中。

其次，说教要适度。如果孩子已经认识到了自己的错误，父母就可以减少一些说教，多给孩子一些时间，让他自己去反思。

### 3. 制定规则，惩罚为辅

每个家庭都需要有一些“家规”，例如哪些事情是坚决不允许做的，哪些事情是鼓励去做的。如果孩子触犯“家规”，就要接受当初制定的惩罚措施。

但是，惩罚不是目的，真正的目的是让孩子认识到有些错误不能犯，一旦犯了，孩子就需要自己去承担责任。

至于如何惩罚，家长可以选择一些方式，比如：让孩子帮忙扫地、洗碗，少买一次喜欢的零食，拿出自己的玩具与他人分享。惩罚必须及时执行，而且，在实行惩罚时一定不能贬低孩子的自尊，只有这样才能让惩罚对孩子“有效”。

### 4. 培养同理心，让孩子学会换位思考

对于孩子常犯的一些错误，父母可以通过游戏的方式让孩子学会换位思考。比如，有的孩子总是喜欢动手，当各种说教都不管用时，我们可以通过游戏的方式，让孩子在游戏中感受一下总是“被打”的

滋味。然后再用好好沟通的方式来解决问题，让孩子两相对比、换位思考一下，孩子就可以做出正确的选择。

学会换位思考教育，可以培养孩子的同理心，孩子渐渐就会认识到，如果自己犯了错，不仅会给自己造成麻烦，更会给别人造成伤害。

人非圣贤，孰能无过？成人尚且犯错，何况孩子呢？

如何正确处理孩子的错误，这也是一门学问，每一位父母需要好好去学习，让孩子在错误中得到进步和成长。

**小贴士**

犯错是人成长过程中的一个必经阶段，是孩子的权利。孩子只有通过不断地犯错才能获得足够的经验，才会慢慢成长。

## 母爱——有规则，才有自由

在一次讲座休息的间隙，一位妈妈过来找我，给我讲述了她和儿子之间的故事：

妈妈为了儿子，甘心在家里当全职妈妈。从出生到现在，妈妈舍不得让儿子吃一点儿苦，受一点儿累，儿子从小到大几乎什么要求都会被满足。但是渐渐地，妈妈发现他们的关系越来越不对劲，对于她的付出，儿子认为是理所当然的，一旦他的要求不被满足，就会冲她大喊大叫，说她是个“后妈”。

妈妈听了自然很伤心，她不明白，为什么从小那么乖巧可爱、那么听话的孩子，怎么会突然变成一个不懂感恩、毫无礼貌的人。

我听后唏嘘不已，这似乎是很多中国家庭的常态：在溺爱中长大的孩子，不仅不会感激爸妈对自己的宠爱，反而会责备爸妈没有给到自己更多的爱。

为什么很多孩子对他人的付出视而不见，一点儿不知道感恩呢？其实，缺乏爱心的孩子并不是天生就如此的，通过长期的观察我们会发现，同情心是儿童的天性。当不满 1 岁的婴儿看到其他孩子哭泣时，他们也会哭泣；幼儿期的孩子在看到他人哭泣时，会主动拿出自己喜欢的玩具来安慰对方。这表明孩子已经能清晰地识别出他人的痛苦，并会想办法帮助对方减轻痛苦。当孩子到 5~6 岁时，能够根据当时的情境来选择安慰对方或让对方独自面对。这些都是孩子表达爱心的方式，只要父母进行良好的培养，孩子的爱心就不会消失。

可是，很多家长对于爱心教育不够重视。有的父母觉得，现在就一个孩子，只要他们有能力，孩子要什么都尽量满足他；也有父母觉得知识技能的学习远远重于爱心教育，只要孩子成绩好，其他的不用教；还有一些父母，他们觉得“树大自然直”，孩子长大了就不会任性了；还有一些父母会觉得孩子的行为，如霸道、自私、任性等，是聪明的表现，不但不加以阻止，反而包庇、纵容。前面提到的这些孩子，对爸妈的付出不但没有感激之情，反而会对父母提出更过分的要求，根本原因在于父母不注重爱心教育，只会对孩子无限制地放纵。

母爱，有规则，才有自由。对于爸妈来说，对子女的爱要把握一个“度”：太过溺爱会让孩子眼中只有自己，认为自己是宇宙第一；太过控制会让孩子眼中只有别人，认为自己的所思所想、一举一动都无关紧要。最好的教育方法既要尊重孩子的天性，允许孩子做自己想做的事情，又要加以管教，让孩子明白家庭规则、社会规则。

爱和善良对于一个人的性格发展起着至关重要的作用，它是人们追求美好和知识的动力和源泉，更是个体适应社会的前提和基础。爱心教育不是简单的灌输，不是强行的“感恩”，它需要让孩子长时间浸润在爱心环境里。在这个过程中，父母是最直接的爱心播种者，家庭是最重要的爱心培养皿。

### 1. 孩子爱心的启迪，需要从细微处入手

爱心教育的启迪可以在孩子熟悉的环境中开始，从细微处入手。比如，当孩子几个月大时，身边会有很多布娃娃和毛绒玩具。家长可引导孩子用和善的态度对待这些玩具。当看到孩子把玩具扔到地上时，父母可以用温和的语气说：“宝宝，你把布娃娃摔疼了，快来抱抱它。”在其他的时候，父母也可以用同样温和的语气说：“宝宝，说话的声音

轻点，妈妈在睡觉呢。”“小熊是你的好朋友，你们一起玩吧。”等孩子能独立行动了，父母可以带他亲近大自然，让孩子观察大自然的变化，体会每个生命的独特性，鼓励孩子与动植物亲近，给植物浇浇水，给小动物喂喂食物，这些都是爱心教育的方式。通过这些方式，孩子自然而然就学会了对他人表达关爱。

### 2. 孩子爱心的塑造，离不开分享的学习

孩子爱心的塑造离不开一次次的行为模仿和强化，比如和小朋友分享好玩的玩具，关心情绪低落的伙伴，对他人的错误能够宽容，对有困难的人伸出援手，等等。爱心教育可以从婴儿期做起，比如教孩子分享美味的事物。当孩子能独立进食的时候，可以教给孩子餐桌礼仪，比如让长辈先吃。等孩子再长大些，可以教给他待客之道，比如给客人倒水。让孩子在帮助他人的同时，感受到自己的能力和价值。

### 3. 爱心教育的精髓，是家长以身作则

父母是孩子行为的模板，所以父母要做好榜样，在孩子面前要特别注意自己的言谈举止，为孩子营造温暖的家庭氛围。父母要关心并尊重孩子，用温柔、体贴的态度和孩子交流，对孩子好的行为要多鼓励，让孩子充分感受到父母对他的爱。家庭成员间多用关爱的语言，如“谢谢你的付出”“您辛苦了”“请帮我拿水杯”等。

孩子的教育是一项大工程，需要爸妈从小引导，夯实地基，才能一点儿一点儿地成为独立自信的“高楼”。

**小贴士**

最好的教育方法既要尊重孩子的天性，允许孩子做自己想做的事情，又要加以管教，让孩子明白家庭规则、社会规则。

# 鼓励远比批评有价值

亲爱的心理咨询师：

您好！我今天想咨询的问题是：如何去掉头脑中对自己的否定。

我这里所说的“否定”指的是对自己的否定，不认可，对自己的责骂，对自己的攻击。大部分时候我能够平静地学习、工作，但每当我在工作上或生活上遇到难题，需要自己去做抉择，去想办法的时候，脑海中总会跳出一个声音：“坚决不行！你会把事情搞砸的！事情做不好，只会给别人添乱！”

从我小时候开始，父母就没有给过我多少肯定。尤其是我的妈妈，每次骂我总是会骂些很难听的话，比如“人头猪脑”“废物”“看到你就很讨厌”，等等。

我对她骂我的这些话一直印象深刻，我已然不记得我曾因为她骂我的这些话而心痛了多久。很多次我想去干点什么事，我的父母都会不断地否定我，觉得我不可能把事办好。感觉他们一直在给我灌输这个概念：我只不过是个干不成任何事，只会添麻烦的小傻子罢了。

久而久之，我自己好像也就相信了这个“事实”，觉得自己的确是无能，办不成事。我也就接受了他们给我安排的这么一个角色，在外人面前也会不知不觉地表现得很傻，久而久之，别人也会对我产生“傻”的印象。

我不知道怎样才能改变这种现状。普通的鼓励、安慰的话语并没

**有多大作用，我也很讨厌自己这个样子。谢谢！**

这是一位来访者写给我的信。从信中我能感觉到：她迫切地希望自己能够多一点儿自信！在信中她提到，她从小就是在父母的否定中长大的，无论她做什么事情都会受到打击，都会被恶语相向。所以从小到大，她的内心会一直对自己不断进行否定。

心理学上有一个概念是“原生自卑”，主要产生在孩童时期，而导致这种自卑感的主要原因就是家庭教育的不当。最典型的几个特征是：孩子感到无助，感到自己弱小，感到自己不如同龄人。如果父母一直强调孩子的缺点，把孩子的错误常常挂在嘴边，时间久了，会让孩子觉得自己真的是这样。

最后，孩子真的长成了父母讨厌的样子。于父母而言，这不是预言家的成就，而是一种悲哀。不管什么时候都不要否定孩子，哪怕他真的做得不好。

维果斯基，著名的心理学家，他曾经说过：每个孩子的发展和学习都应该发生在“最近发展区”。这个“区域”指的是，孩子目前无法自己独立做到，但是在其他人的帮助和指导下，能够做得到的范围。所以，父母的鼓励能帮孩子在面对困难时取得突破。假如连父母都放弃了希望，那对孩子而言是最大的打击。

令人惋惜的是，我们的父母还没有意识到自己的教育方式对孩子造成了多么巨大的伤害！“你不行”的声音充斥在很多家庭之中。实际上，父母一定要自己先建立起“我的孩子能行”的信念，去除“你不行”的想法。当你经常对孩子说出“你能行，你一定能行”的鼓励话语，让孩子离开你的羽翼，亲自去尝试各种实践活动时，孩子的自信心自然而然就建立起来了。比如小孩子第一次穿袜子，父母要鼓励他：“我们相信你一定能行！”如果孩子没有穿好，父母可以说：“宝宝敢自己穿袜子，真是好样的！”

假如信中女孩的母亲能够给孩子多一点儿耐心，多一点儿鼓励和赞扬，多一些关爱，少一些贬低和侮辱，少一些控制，那孩子可能不会遇到事情就先对自己进行否定。

所以说，妈妈的语言真的是一种魔咒，说“行”孩子就一定能做好，说“不行”的孩子就会慢慢向不好的方向发展。

盖叫天，现代京剧表演艺术家，他曾说过：“天下没有不行的事。自幼我们便是打这‘不行’中锻炼出‘行’来的，这叫‘练行的’。凡事总要有信心，老想着‘行’。要是做一件事，还没做就担心着‘怕不行’吧，那就没有勇气了。”

这话很有道理，自己的孩子都不相信能行，那谁还会相信孩子能做好呢？

相信大家都听说过心理学中的一个著名现象，叫“罗森塔尔效应”。

罗森塔尔效应也叫“人际期望效应”“皮格马利翁效应”，是由美国心理学家罗森塔尔和L.雅各布森于1968年通过实验发现的。它是指老师对学生的殷切希望能收到预期效果的现象。

实验过程是这样的：一天，一所小学里来了专家，他们说要开展心理学实验。专家们在一到六年级各选了3个班，并对这些学生进行了“未来发展趋势测验”。随后专家们将一份“最有发展前途者”的名单交给了校长和相关老师，并告知他们为了保证实验的正确性，请他们务必要保密。其实，名单上的学生是随机挑选的，心理学家只是撒了一个“权威性谎言”。8个月后，当专家们再对那18个班级的学生进行测试时，奇迹出现了！凡是在名单上的学生，不但成绩显著提升，而且他们的求知欲旺盛，自信心强，性格活泼开朗，人际关系融洽。

心理学家认为，老师们受到专家们的暗示后，不但对名单上的学生抱有更高的期望，而且会通过表现和行为，将他们的期望传递给学生。之后，学生会给老师积极的反馈；这种反馈又会激发老师的教学热情，并对这些学生给予更多的关照。通过这种良性循环，这些学生的学习成绩以及行为举止都会朝着老师期望的方向发展，老师的期望得以实现。

实验表明，只要教育者或权威（父母）给孩子积极的心理暗示，孩子就会变得更自信，在各个方面都会得到极大的发展。但如果父母总是对孩子进行贬低，孩子也会向着父母所说的方向发展，成为自卑的孩子。所以，父母要给孩子积极的心理暗示，孩子才会对生活和学习有信心，愿意朝着好的方向去努力。

父母的一言一行会像魔咒一样，对孩子造成持久的影响。

当父母能够用心去观察孩子，用爱去指引孩子，用信任去激励孩子时，孩子就能成长为勇敢、自信又优秀的人。

**小贴士**

每个孩子的发展和学习都应该发生在“最近发展区”。这个“区域”指的是，孩子目前无法自己独立做到，但是在其他人的帮助和指导下，能够做得到的范围。

## 不幸是会传染的

一个经常打孩子的来访者说，她并不想打孩子，但是每当自己生气时，脑袋中就像点燃了一把火，迫使她用恶言恶语去对待孩子，自己的手更是会不受控制地向孩子挥去。事后冷静下来，自己会特别内疚，特别自责，提醒自己下一次一定要好好跟孩子说话，但是到了下一次，同样的情景依然会发生。

我和这个妈妈进行了深入沟通，第三次见面的时候，她回忆起了自己童年时印象最为深刻的事情：她的妈妈经常会和爸爸吵架，有一次吵得特别凶，爸爸摔门而去，妈妈就把所有的火发到了当时还在上小学的她身上，不断地咒骂她是个“拖油瓶”，责怪都是因为她自己才不能离婚，最后直接就一巴掌接着一巴掌地打到了她的身上。

听到这里，我心里万分感慨：又是一个被原生家庭深深伤害的人。

作为妈妈，当你恶言恶语对孩子发火时，是否考虑过孩子的情绪？当你因为孩子不听话而责骂他时，是否知道孩子的委屈？当你听到流言说孩子在学校谈恋爱了，不分青红皂白就把孩子凶了一顿时，是否明白孩子的心情？他很孤单，他只是想在冬日里寻找火苗，想要一时的温暖。

在妈妈的世界里，妈妈需要关心的事情很多；但在孩子的世界里，妈妈就是自己的一切。妈妈的心情好，孩子会觉得下的雨都是巧克力味道的；妈妈的心情不好，孩子会觉得自己新裙子上的花朵是枯萎的。

孩子的人格就是在平常与妈妈点点滴滴的互动中慢慢养成的，为人处世的方法也是这样逐渐学会的。妈妈情绪稳定，孩子也会更从容。

### 1. 妈妈情绪不稳定，孩子性格有缺陷

《妈妈、躁狂与我》中讲述了脾气暴躁的妈妈对孩子的摧残：午睡中的 Diane 被姐姐的哭声吵醒，当她光着脚丫惊慌失措地跑到客厅时，发现妈妈正在对姐姐又打又骂，就像曾经无数次对姐姐那样。她感觉自己身体发冷，很想过去阻止妈妈，却动弹不了，心里在默默诅咒：妈妈快点儿死掉，这样姐姐就不用再受苦了！

相信每个看到这里的妈妈都会心头一震，有很多这样的妈妈，当遭遇一些自己无法控制的事情时，往往会无法管理好自己的情绪，转而向家中最弱小的孩子发脾气，孩子随手乱扔的一张纸就可能成为被打骂的"导火索"。而孩子在一次又一次地充当妈妈情绪回收站的时候，他们习得了什么呢？他们只能无条件地讨好妈妈。Diane 说："当有一天我能达到妈妈对我的期望时，我就能得到妈妈的爱了。"

看到这里，真的让人很心酸，同时也想到很多来咨询的来访者。他们看似乖巧、听话，其实内心有着很强烈的叛逆心理，但在面对妈妈时，会把自己懂事的一面表现出来。因为他们觉得，只有这样妈妈才会爱自己，才不会随便对自己发火。妈妈之所以对自己发火、打骂，都是因为自己做得还不够好，所以只要事事都听妈妈的，自己就是好孩子。

当高中时期的 Diane 遇到比自己大 8 岁的 Tony 时，她很是怀疑自己：像我这样一无是处的人，竟然还会有人爱我？竟然还会有人关心我？她舍不得让那份温暖溜走，高中没上完就和 Tony 结了婚，结果婚后的生活并不像她所期待的那么美好，丈夫开始不停地指责她，嫌她

没用。

但 Diane 长期以来被妈妈“训练”得太好了，她内心的自卑将她完全淹没，她觉得自己就是个糟糕的人，不配得到别人的爱。要是自己让别人不高兴了，那一定是自己的错！

现在很多成年人也是如此，即使没有父母在身边对自己进行各种指责，但自己的内心已经住进了严厉的父母。每当自己做的事情不是那么尽善尽美时，内心的严厉的父母就会狠狠地指责自己，告诉自己之所以没做好是因为自己不够好，是因为自己太糟糕，一切都是自己的错。

## 2. 情绪多变的妈妈会影响下一代家庭的亲子关系

Diane 在和自己的孩子相处时，如果孩子让自己烦躁、着急，她就会大吼大叫，甚至打孩子。这时 Diane 才明白，她彻彻底底变成了一个像妈妈一样的人。

这便是原生家庭对我们的影响。父母如何对待我们，我们就会无意识地以父母对待我们的方式来对待我们的孩子，于是，这种家庭教育模式便会一代又一代地传递下去。

然而作为妈妈，当我们知道自己的情绪会给自己的子孙后代带来如此多的影响时，我们就需要开始改变，为了自己，也为了自己的子孙后代。

首先，三思而后行，当自己有想吼叫的想法时，就提醒自己闭嘴、深呼吸，或者让自己待一会，等冷静之后再和孩子说话。

其次，告诉自己，作为成年人，已经有足够的力量来修复原生家庭对自己造成的伤害，自己可以主动做些什么来改善现在和将来的生活。

比如为自己设计一个仪式：当脑海中出现父母责备自己的场景时，当自己忍不住想对孩子大吼大叫时，拿出一张报纸，想象那些指责和吼叫都在报纸上，把报纸狠狠地撕成碎片，然后扔进马桶，冲走。

第三，尝试直面父母的责备，直接对父母说出自己内心的想法。

可能我们很难直接对父母说出自己对他们的不满，很难反驳父母，但是，我们可以尝试一下，当父母下一次指责我们的时候，我们可以尝试说出："妈妈，我真的不喜欢你对我的态度，我不希望你继续这样挑剔我。我最爱的人是你，我希望大家在一起能够幸福生活，可是你对我的各种挑剔、不满意，让我不得不远离你。我现在是成人了，完全可以处理好我自己的事情，我希望你给予我的是支持和肯定。"

直面自己的恐惧，说出自己的想法，我们才能真正长大，真正摆脱原生家庭的桎梏。

我想对妈妈们说：作为妈妈，在你们的能力范围内，尽可能温柔地对待自己的孩子。即使你们小时候的家庭可能不是那么美好，但是你们可以用成年人的力量，切断不良家庭模式的代际传递。通过学习情绪的表达和管理，你们可以让自己的亲子关系变得更加和谐。

每个妈妈对孩子的爱都是独一无二的，每个妈妈都希望自己的孩子能得到最好的一切。但是，任何外在的东西都比不上妈妈稳定的情绪、内在坚韧的品质和永远乐观的性格。希望每个妈妈都能成为一名情绪稳定的妈妈，只有这样，子孙后代才会受益终生。

**小贴士**

父母如何对待我们，我们就会无意识地以父母对待我们的方式来对待我们的孩子，于是，这种家庭教育模式便会一代又一代地传递下去。

# 第七章

# 信任孩子，才可以改变

## 母爱无条件，但需有原则

我小时候听过这样一个故事，讲的是拿破仑小时候特别淘气、调皮。在他父亲眼里，他是孩子当中最坏的一个。但是继母却不认同父亲的看法，在继母眼里，拿破仑是孩子当中最聪明伶俐的，继母认为父母需要做的事就是帮孩子把潜力发挥出来。

继母对拿破仑的教育中使用鼓励的方式，逐渐建立起了拿破仑的安全感和自信心。也正是因为在家庭中培养起来的良好品质，促使拿破仑走向了成功。

对父母来说，需要做的是无条件地接纳孩子。可事实上，我们很多时候看不到孩子的优点，也忽视了孩子的长处。我们有时候给孩子定了规矩，却没有原则地迁就孩子。在爱和规则之间，我们很难做好平衡，到底是应该给予孩子无条件的爱，还是用规则来约束孩子？

“你再这么不听话，妈妈就不要你了！”

“你再这么调皮捣蛋，妈妈就把你送给警察了！”

“你再不好好学习，妈妈就打你了！”

父母总会在无意中对孩子说出这样的话，当然每个父母的初衷都是好的，都希望孩子好，但不幸的是父母用错了方法。父母把对孩子的爱当成了工具，当成了控制孩子的手段。

很多时候父母也想接纳孩子，但是不知道什么是无条件地接纳，无条件地接纳孩子到底该怎么做，万一纵容了孩子怎么办？其实，无条件地接纳孩子就是接纳孩子本来的样子，无论是优点还是缺点。因为这些都是孩子身上的一部分，我们要接受现状，接受孩子的不足，接受孩子的表现与我们的期待之间的落差。

然而实际情况却是，我们把自己的需求等同于孩子的需求，把自己的需求强加在孩子身上，以自己的期待来要求孩子。孩子表现得好，符合我们的期待，我们就满意；孩子的表现和我们的期待不符，没有按照我们的想法去做，我们就难以接受，认为孩子出问题了。

有条件的爱不是爱，只是展现了父母对孩子强烈的控制欲。

当然，无条件的爱不等于没有原则，不等于任由孩子自己发展，也不是纵容孩子，溺爱孩子。一些父母理解错了什么是无条件的爱，也许他们习惯了控制和要求孩子，不适应“放手”的感觉，不相信孩子能做好。

大多数时候，父母把爱当作工具去控制孩子，当孩子让自己不满意时，会用“爱”这个工具去惩罚孩子。比如：“你再这样，妈妈就不爱你了。”让孩子知道，只有听妈妈的话才能得到爱，不听话就没有得到爱的资格。其实在这样的控制之下，孩子的内心非常恐惧，安全感在这样一次次的恐吓中消失了。在往后的生活里，孩子会习得一种行为，就是不断地去验证妈妈是否爱自己，不断地试探自己到底是不是妈妈亲身生的，孩子就这样一直在恐惧中生活。

现代心理学已经充分证明了安全感对 6 岁以前儿童人格形成的重要性。它不仅是一个人心理健康的基础，更是一个人自信和信任他人的基础。儿童安全感的缺失会带来一系列问题，比如孩子会变得孤僻、冷漠，甚至会有暴力行为。所以当孩子犯了错，父母要让孩子意识到，他不会因为犯错而失去父母的爱，即使他没有那么“完美”，但父母依然爱他，这种爱是无条件的。不过，爱是有原则的。

“有原则的爱”具体表现在哪些方面呢？当孩子出现不良行为，比如说脏话、欺负人、不遵守社会规则，或者提出不合理的要求时，家长要做到有原则，不纵容。原则是对行为的规范，而不是人身攻击。

当孩子做了错事时，父母要耐心引导并帮助孩子改正错误，要明确告知父母对他的行为要求。一个人的行为不代表这个人本身，当父母能够区分出两者的不同，就不会无原则地溺爱孩子。

当孩子想毫无节制地乱买零食时，父母可以告诉他："我不喜欢你的行为，但不是不喜欢你。"父母可以不喜欢孩子的行为，但是不能不爱他这个人。

有人可能要问，孩子这次不遵守，如果下次也不遵守该怎么办？答案是：父母要做到温和而坚定。父母态度要温和，但是立场要坚定。如果孩子一哭一闹一撒泼父母就轻易妥协了，关键时刻心慈手软，肯定起不到教育的作用。

我们常说"母爱无疆"，当母亲不厌其烦地对孩子保证"我永远爱你"，让孩子的内心逐步积累起足够多的安全感和信任时，这种无条件的爱会极大激发孩子的创造力，孩子会用艺术创作来回报母亲。母亲的这种做法就是"无条件的爱"。

与此同时，母爱也是有边界的。父母需要在"我爱你"之后来个转折："可是……"这是在提醒孩子，要孩子了解自己的行为可能会带来的后果，并对后果负责。如果由于自己的错误和过失产生了不良影响，孩子要尽可能地想办法去弥补，这就是"有原则的爱"。

遵守规则要先从认识规则开始，对于孩子而言，培养良好的行为习惯的过程就是认识规则的过程。不良的行为习惯并非一两天形成，如果父母能在刚开始时就做出规定，让规则变成习惯，孩子就不会觉得这是一种束缚。

如果父母不想让孩子长时间地玩电子游戏，那么在买电子产品的时候就要给孩子定下规则：每次只能玩 20 分钟，一天可以玩 2~3 次。

给孩子制定规则的时候，方法可以灵活一点儿，对于不愿意配合、自我约束能力不足、爱磨蹭的孩子，父母需要给他一个更加具体的“边界”。把“你就不能好好吃饭吗”换成“你需要坐在椅子上吃饭”，把“晚上九点半必须睡觉”换成“你可以在床上读会故事书，当妈妈来关灯时，你就要躺下睡觉，我会帮你把门关好”。椅子、灯、门是孩子可以捕捉到的对象，更便于他们进行自我约束。

母爱无条件，但需有原则。毫无原则的爱是溺爱，溺爱会毁掉一个孩子本该具有的能力；全是原则的爱是控制的爱，控制的爱会压制孩子创新能力的发挥，压制孩子对新鲜事物的探索和研究。

最好的爱是有张有弛的爱，即“有原则的爱”，既让孩子感到爸爸妈妈是永远爱自己的，同时也要让孩子知道，他的行为要是不符合要求就需要改正，但是这并不影响爸爸妈妈爱他。

在孩子完成独立，真正和父母分开之前，父母一定要做到无条件但有原则地爱孩子，让孩子可以自信、勇敢地闯荡世界，开创自己的人生。

**小贴士**

在孩子完成独立，真正和父母分开之前，父母一定要做到无条件但有原则地爱孩子，让孩子可以自信、勇敢地闯荡世界，开创自己的人生。

## 陪伴是最好的童年教育

陈可辛导演曾用手机拍摄了一部贺岁短片，名字叫《三分钟》，在2018年的春节前夕爆火。片中的母子迫于生活的无奈，只得分隔两地，仅能利用火车在站点停靠时的短短三分钟时间相聚。三分钟后，火车再次启程，只留下孩子满眼的不舍。

影片的转折发生在母亲见到儿子小丁后，母亲给了小丁一个拥抱，而小丁却背起了乘法口诀。

母亲不明白儿子是在用这种方式表达对她的爱，她觉得自己对儿子的爱和思念儿子没有感知到。母亲有些不甘心。

临发车前，母亲满怀期待地看着儿子问："还有什么要对妈妈说的吗？"小丁仿佛没有听到，执着地背诵着乘法口诀。当他背完"九九八十一"，看到妈妈上车时，才如释重负，挥手与妈妈告别。

小丁自始至终都没有对妈妈说"我爱你"，但是从他急切地穿越车站的人流去见妈妈这个行为，我们就可以感受到他对妈妈的思念和爱。只是这份感情被他隐藏起来了。

现代快节奏的生活让人们的压力陡然变大，很多父母常常忽略了对孩子的陪伴。最重要的原因是父母不清楚陪伴孩子的重要性，如果你了解了亲子陪伴的重要性，你一定会抽出时间来陪伴孩子！

### 1. 不陪孩子，忙只是借口

你说没有时间陪伴孩子，真相往往是，陪伴孩子对你来说并不是最重要的。忙是我们逃避的借口，工作可以再找，钱可以再赚，但是孩子的成长没有回头路。对孩子的陪伴是一条单行线，错过了就没法再回头。

前美国总统奥巴马曾说："竞选中有一件事我很自豪，在长达21个月的竞选中，我没有错过一次孩子的家长会。"他的妻子米歇尔在谈到丈夫时也说，当了总统的奥巴马仍然每天与女儿们共进晚餐，与她们耐心交流，她们在学校里遇到问题，他也会帮忙出谋划策。那些天天嚷着没时间陪伴孩子的父亲们，你们真的比奥巴马还忙吗？真的没有时间陪伴孩子吗？

### 2. 陪伴是对孩子最好的爱

父母其实给不了孩子想要的未来，他们只能在孩子的成长过程中努力让孩子感受到当下的幸福与快乐。父母要做到不焦虑、不盲从，才能和孩子一起慢慢体味陪伴在一起的每个美好瞬间。

陪伴、滋养、给予都是相互的过程。父母在陪伴孩子成长的同时，自己也得到了成长。没有陪伴的培养是不存在的。如果父母整天想着培养孩子，却连最基本的陪伴都做不到，只想着通过说教、打骂的方式教育孩子，而不注重良好的家庭关系的建构，教育效果肯定大打折扣。亲子关系就是一切。良好的亲子关系是教育的起点，当亲子关系稳定后，教育就会变得快乐和轻松。

### 3. 用心陪伴

陪伴孩子不意味着父母要一直待在孩子身边，也不是要父母每件事都管着孩子，而是要父母真正地尊重孩子，真正地理解孩子的内心需要。而每一位母亲都是那么希望孩子好，那么希望给孩子更多的爱。或许，从用心陪伴就会事半功倍。

何为“用心”？家长只需要陪着孩子，让孩子自由安排时间。这个过程不需要太多的语言，也不一定要用到玩具。

在陪伴孩子的过程中，父母不要去控制孩子的行为，要学会尊重孩子，并且帮助孩子去学习。

比如说陪孩子去逛超市，孩子可能对琳琅满目的货架很感兴趣，什么都想摸摸看看。家长在挑选自己想购买的商品的同时，也可以陪着孩子一起去了解货架上的商品，告诉孩子商品的名称或价格，等逛完一圈之后再带着孩子回到这个货架前，问问孩子还记不记得刚才学的新名词是什么。

### 4. 陪伴不等同于教育

在求学压力很大的今天，很多父母把学习当作孩子的人生第一大事，但凡和孩子在一起，永远都是告诫孩子学习的重要性、成绩的重要性，这样的陪伴，对于孩子来说是压力。

我们所说的陪伴，不是陪孩子参加辅导班，不是陪孩子写作业，不是陪孩子谈人生、谈理想、谈未来。只是单纯地和孩子待在一起，享受宁静的家庭生活，享受孩子带给自己的幸福，享受孩子用软软的声音叫自己妈妈，享受孩子睡在自己身边那暖暖的笑容。此时此刻，爱在流动，心在靠近，孩子更贴近妈妈，妈妈也更爱孩子。

孩子有时候会任性，会各种哭闹，真的是他们不懂事吗？不是！而是他们需要父母的陪伴，需要父母的一个拥抱。一个拥抱，胜过千言万语。

父母总说：“孩子，爸妈要赚很多钱，要供养你读书，要供养你各种花销，所以，我们必须要离开你。”可是，爸爸妈妈们，你们有没有想过，孩子最想要的，只是父母能时时刻刻陪着自己。当自己受了委屈时，爸爸能为自己出头；当自己晚上被噩梦吓醒时，妈妈能为自己轻抚额头；当自己每天回家后，能尝到妈妈做的可口饭菜，能看到爸爸在修理自行车。如此简单的幸福，才是孩子最想要的。

好好和孩子说说话吧。陪伴，是给孩子最好的童年礼物。亲爱的父母们，请放下你们的忙碌，用心陪陪孩子。

**小贴士**

父母其实给不了孩子想要的未来，他们只能在孩子的成长过程中努力让孩子感受到当下的幸福与快乐。父母要做到不焦虑、不盲从，才能和孩子一起慢慢体味陪伴在一起的每个美好瞬间。

## 父母与孩子一生中的三次别离

这个世界上所有的爱都以相聚为最终目的，只有一种爱以分离为目的，那就是父母对孩子的爱。

——英国心理学博士　　西尔维娅·克莱尔

在之前的一次咨询中，一个初一学生的妈妈不停地拿着纸巾擦眼泪，说："罗老师，一想到你说的给孩子最好的爱就是让他独立，我就难过得不得了，我从来没想过孩子会长大、会离开。"

是啊，孩子终将离开父母，飞向更高更远的天空，这是每个父母必须要面对的。

孩子与母亲的第一次分离，是出生时与母亲身体的分离，很多人没有意识到这一点儿。

从医生剪断脐带的那一刻开始，孩子就成了一个独立的个体。对母亲来说，这是无法避免的"分娩之痛"。对于孩子来说，同样也要面临巨大的挑战，孩子离开了妈妈温暖的子宫，突然来到了一个陌生的环境中。如果母子能够顺利地完成这次分离，会对母亲的心态和孩子的心理塑造产生至关重要的影响。

如果你仔细观察新生儿，会发现他们都很"胆小"。新生儿喜欢被包得严严实实，仿佛很怕被人打扰。

其实，此时孩子正处在"艰难"过渡期，他们在很努力地适应周围的环境。

对于1岁之前的孩子，母亲要积极关注并满足孩子的需要，让孩子充分感受到安全感，这样才能养成孩子自信的品质。妈妈的哺乳、拥抱、眼神接触对于孩子而言，就是他们的整个世界。

## 1. 幼儿园生活——儿童独立的第一步

幼儿园开学时，我们经常会看到幼儿园门口围着一堆哇哇大哭的孩子和不停抹眼泪的家长。

对于孩子而言，自己要离开生活了3年的家庭，去一个完全陌生的地方，和一堆陌生的老师、小伙伴一起生活，他们感到无比的不安和恐惧。

对于父母而言，孩子离开自己去上幼儿园，自己不知道孩子适应得怎么样，老师对孩子好不好，孩子吃得好不好，有没有和小朋友一起玩耍……父母心疼之余就只能和孩子一起抹眼泪了。

实际上，父母如果能够做到以下几点，就可以很好地帮助孩子，让孩子早一点儿适应幼儿园生活。

（1）要提前带孩子去幼儿园参观。

家长可以在孩子正式入园前，让孩子提前熟悉环境，认识老师。家长可以告诉孩子：“宝贝，这就是你马上要来上的幼儿园，是不是很漂亮？看，这是你的老师，老师会像妈妈一样对你好。”

这样，孩子可以慢慢熟悉幼儿园的环境，认识自己未来的老师，在心里提前做好准备，等到真正入园的那一天，他们也不会感到太害怕。

（2）父母要提前让孩子练习各项生活自理能力。

孩子进入幼儿园之后，很多事情需要自己去做，例如自己穿衣服、吃饭、喝水，等等。父母可以在家里提前帮助孩子练习这些生活技能：让孩子自己吃饭，即使把家里弄脏了也没关系；让孩子自己穿袜子、鞋子，即使慢一点儿也没关系；让孩子自己喝水，即使洒出来也没关系。一旦习得了这些能力，孩子对于上幼儿园这件事就更有自信了。

（3）每天上学、放学都对孩子笑脸相迎。

如果孩子每天哭着不愿意上学，父母也跟着孩子一起哭，那孩子就更不愿意上学了。我建议父母要学会管理自己的情绪，即使心里有再多的不舍和担心，在送孩子和接孩子的时候，一定要笑着面对孩子，鼓励孩子继续加油。

### 2. 他乡求学——孩子完全独立的最重要一步

对大多数人来说，第一次如此强烈地感受到自己的独立，恐怕是离开家去上大学的时候吧！

大学生们开始品尝独立的喜悦和痛苦，也要应对迷惘和孤独。离开父母的孩子，既兴奋无比，又有莫名的失落和不知所措。可以说，这是长大后的孩子和父母的关系发生根本性转变的时期，也是第二个分离焦虑期。

经过了高考，孩子踏上了自己人生征程的一个新起点，进入了大学。他们要忍受与家人分离，与老师分离，与朋友分离，独自面对全新的生活环境、学习氛围和人际关系，这让他们感到难以适应。

作为父母，要明白，这是孩子成长过程中必须经历的一个过程，任何人都无法代替孩子成长。父母所能做的，是给予孩子信任，相信孩子可以应对新环境中的一切。孩子如果需要父母提供支持，父母也会成为孩子的避风港和坚实靠山。

父母要学会尊重孩子，认真聆听他们的需求，而不是对他们严加控制。同时，适当把注意力转移到自己的生活情趣方面，比如多参加体育运动和娱乐活动，既能锻炼身体又能愉悦心情。或者将注意力更多地投入到事业当中，为自己的人生找到新的平衡点。

### 3. 直面社会——完全的分离

《我是一只小小鸟》中有两句歌词："有时候我觉得自己像一只小小鸟，想要飞却怎么样也飞不高……我飞上了青天，才发现自己从此无依无靠。"用这两句歌词来形容刚刚步入社会的大学生恐怕再合适不过了。

大学生活可以说是"依赖"与"摆脱依赖"的博弈。同学之间的纯洁友谊让人依恋，校园生活让人留恋，但是学业总有结束的时候，学生总要踏入社会。他们在适应社会，努力工作的同时，可能孤独感、焦虑感、彷徨感每日都围绕在他们身边。

那要如何帮助大学生尽快地适应社会，尽快地实现独立呢？我们可以从以下几个方面做起。

（1）保持开放、接纳的心态，也就是"空杯心态"。不管你在学校里学了多少知识，步入社会都需要从零开始。你可以把自己想象成一只空杯子，时刻保持谦虚谨慎的态度，用求知、探索的心态面对新环境、新工作、新事物。

（2）诚实待人。对于初入职场的毕业生来说，诚信是最重要的品质。所以大学生要注重信誉，律己宽人，做个"德才兼备"的人，为自己建立良好的人际关系网。

（3）重新定位。作为职场新人，要根据实际情况重新调整自己的期望，避免造成过大的心理落差。

（4）努力努力再努力。社会是一个优胜劣汰的地方，初入职场的大学生要根据工作的需要，不断拓展自己的各项能力，努力让自己成为工作中拔尖的人才。

孩子终究要长大，终究要有自己的人生，作为父母，我们要当孩子翱翔时的风，只要给予孩子信任和支持，他们肯定能够展翅高飞。

**小贴士**

龙应台曾在《目送》中这样写道：“所谓父女母子一场，只不过意味着，你和他的缘分就是今生今世不断地目送他的背影渐行渐远。你站在小路的这一端，看着他逐渐消失在小路转弯的地方，而且，他用背影默默告诉你：不必追。”

# 三大沟通技巧，读懂孩子的心

在一次讲座结束后，后台的工作人员拉住了我，说："罗老师，听完您的讲座，我感觉受益匪浅。您说沟通不仅仅是说话，更是拉近母子感情的桥梁，我深以为然。我和我儿子原来说话必吵，他生气，我也生气。后来听了您说的那些沟通技巧，我回家就用了，结果我儿子问我：'妈妈你怎么变化这么大？'我真的特别感谢您，化解了我和我儿子多年的矛盾，虽然现在偶尔也会争吵，但是大多数时候，我俩都能心平气和地倾听彼此的意见了。"

听完她的讲述，我很开心，一方面是因为这对母子的关系更加亲密了，另一方面是因为我看到越来越多的父母愿意改变自己了。我把这些方法、技巧整理了一下，希望可以帮到更多的父母。

当今有一个非常棘手的问题，也是每位父母都会关心的问题：在与孩子沟通时，如何能做到畅通无阻？

父母在与孩子沟通时，首先需要调整自己的心态。父母要不停地给自己积极暗示："我和孩子要一起成长，我们都是不完美的。我们要一起面对很多问题，我们会比别人生活得更幸福、更快乐。"这样，父母和孩子就站到了一起。大家一起成长，一起进步。

## 1．理解孩子话语背后的真正意图

如果孩子向你说起一件事，父母应该理解这件事背后的真正意图，而不仅仅是这件事本身。

举个例子，强强今年 5 岁了，一天他对妈妈抱怨道："过年时哥哥收到的礼物比我多。"如果妈妈认为他只是在抱怨，或者认为强强在暗示她，希望得到和哥哥一样多的礼物，孩子会认为妈妈没有理解他。妈妈应该了解，孩子真正在意的不是玩具的多少，而是他与父母的关系是否足够亲密。

理解了孩子话语背后的真正意图后，强强的妈妈说："你是不是担心我对你的爱和对你哥哥的爱不一样多？我告诉你，妈妈爱你就像从这里到月球，爱哥哥就像从月球到这里，都是满满的爱。"随后，妈妈紧紧地拥抱了强强，强强惊喜地笑了。

很多孩子出于对爱的渴求，会向父母问许多看起来很琐碎的问题。父母的最佳做法，就是向孩子保证：我们永远爱你！

### 2. 回应孩子的感受

针对孩子的感受做工作，效果远远好于直接回应问题本身。

有一天，兰兰从幼儿园回家后很不开心。爸爸问她怎么了，她说她的好朋友丽丽被欺负了，一个调皮的小男孩把丽丽推到了积水沟里。

她的父亲没有直接指责那个男孩，而是设想了一下女儿当时的感受，说道："你看到之后，是不是心里很不舒服啊？对那个男孩是不是很生气？"

丽丽马上点头回答说："是的！"

爸爸继续说："你是不是担心他也会这样对你？"兰兰说："他要是敢这样，我就把他拖下水，肯定会溅起水花！"想到这幅画面，兰兰开心地大笑起来。

如果爸爸没有从孩子的感受出发，而是直接讨论如何帮助丽丽，如何自卫，爸爸说的话就会演变成枯燥的说教。

所以，父母要谨记：如果孩子回家后不停地向你抱怨老师、同学，或者学校生活，请仔细聆听孩子真正的想法，而不是追问事情的来龙去脉。

### 3. 理解孩子

8 岁的朵朵正在看电视，因为快要吃饭了，妈妈对朵朵说："宝贝，10 分钟后我们吃饭，你还可以看 10 分钟的电视，吃饭时咱们关上电视好吗？"妈妈没有一丝指责的意思，朵朵果然遵守了约定。

朵朵和妈妈聊起了网络游戏，聊得津津有味。突然朵朵意识到了什么，对妈妈说："妈妈，我今天聊网络游戏，你怎么不怪我了？"妈妈笑了笑说："你觉得游戏给你带来了什么呢？"朵朵很开心地说："快乐！"

大家有没有注意到，朵朵妈妈在沟通时，会从孩子的感受出发，理解孩子在看电视和玩游戏时的快乐，同时又制定了规则，如 10 分钟后就要关电视吃饭。这样做，孩子的心里会觉得妈妈十分尊重自己，很懂自己。

我们再来对比两句话："把水杯拿来。""请帮我把水杯拿来。"也许大人觉得两者差别不大，但是对孩子来说，两者有很大的不同。

每个人都喜欢被尊重，孩子虽然年龄小，但是也不喜欢被命令。所以，如果父母想让孩子做一件事，一定不要总把自己放到"教育者"的位置上，而是学会和孩子平等沟通，不要使用"你要""你应该""你不能"等口头禅。否则，父母说得越多，越容易情绪激动，说出一些不该说的话来，孩子感受不到父母的理解与尊重，就越来越不愿意和父母交流。

父母可以尝试着这样跟孩子交流："宝贝，妈妈知道你是一个特别勤劳的好孩子，你能帮妈妈把杯子拿过来吗？"孩子肯定心里特别高兴，十分爽快地就帮忙拿杯子去了。

当然，我讲的以上这些技巧，都建立在一个前提下：父母真正从心里尊重孩子，信任孩子，愿意包容孩子。毕竟，技巧只是技巧，“爱”才是亲子关系永恒的主题。

**小贴士**

很多孩子出于对爱的渴求，会向家长问许多看起来很琐碎的问题。父母的最佳做法，就是向孩子保证：我们永远爱你！

# 在失序中认识自己与孩子

“罗老师，我真的没有办法了，我不明白，我和孩子的关系怎么会变成现在这个样子。”对面的妈妈满脸哀愁，向我诉说着她和孩子之间的事情：

“我儿子今年 12 岁了，现在每天放学一回家就把自己锁在卧室里，从来不跟我沟通学校的事情，也不沟通其他任何事情，无论我问他任何问题，他都跟炸了似的，一张嘴就吵架。孩子以前不是这样子的，他小时候可听话了，从来不跟我顶嘴，我也不知道为什么会变成现在这个样子。

“罗老师，你说我关心孩子有错吗？有一次我看见他和一个女生一起走路，我怕他早恋，回家说了他几句，结果他直接就摔门出去了。还有一次，我收拾房间看见了他的日记本，就随手翻了翻，结果回家他就跟我翻脸了，说要离家出走。”

我看到了妈妈的焦虑和无助，也看到了他们之间的隔阂。实际上，这种隔阂很多时候是不会说话导致的。母亲的关心到了孩子耳朵里就变成了指责，每一次的沟通都把彼此越推越远。

父母常常抱怨孩子不听话，可是，正是因为父母不讲究说话的艺术，孩子才不听话。很多父母只关心自己说了什么，从不关心孩子听了什么，不关注孩子的想法。

在这种情况下，父母怎么能把话说到孩子的心里去呢？怎么能期望孩子按照父母的想法去行动呢？

人为什么要说话？说话的目的是为了沟通，沟通得好，原来不理解的就能够理解，许多误会也能够消除。

父母与孩子之间的沟通是最重要的家庭教育。父母如果不重视亲子间的有效沟通，孩子是无法顺利成才的。只有父母掌握了说话的技巧，孩子才会对父母的教育表示认同，变得积极主动，并且向父母期望的方向努力。

家长得体的说话方式，直接关系到孩子能否成才。有时候，父母不经意的一句话，往往就能改变孩子的一生。如果话说不到孩子的心里去，父母就是拥有真理又能拿孩子怎么样呢？

如果父母说话时带着情绪，孩子不会听！

如果父母说的话不是时候，孩子不肯听！

如果父母说话时态度恶劣，孩子不爱听！

当父母指责孩子不懂事、不听话时，有没有认真思考过：为什么孩子不愿意听你的话？孩子的真实意愿和内心感受你考虑过吗？你有把孩子当成独立的个人对待过吗？

绝大多数时候，父母的“不会说”导致了孩子的“不爱听”。要想让孩子听话，你就要站在孩子的角度上考虑问题，走进孩子的世界，和孩子打成一片。

（1）父母要和孩子密切相处，多关心孩子，多陪伴孩子，真正理解孩子的所思所想，从他们的想法和需要出发，而不是自说自话，自以为是。

比如，父母可以多关注孩子的兴趣爱好，了解他最要好的朋友是谁，最喜欢看的电影、漫画是什么，最喜欢的明星是哪一位。这样，父母在和孩子沟通的时候就会有共同语言。

（2）父母要学会倾听，重视孩子说的话。

当孩子在抱怨的时候，实际上他希望父母能够关注自己、关心自己，能够给到自己一些支持。

如果孩子发现父母十分重视自己说的话，那么他也会重视父母说的话。反之，如果孩子和你说话时你心不在焉，只顾着忙自己的事情，那么你也不要期望孩子会专心聆听你的教导了。

（3）父母要注意孩子的反应和态度。

现在很多父母对孩子缺乏耐心，总是急着给孩子各种指导意见，想让孩子完全按照自己说的话做，不让孩子提出异议，忽略了孩子的反应。

父母如果只是站在自己的立场上，会让孩子觉得与父母沟通很不舒服，孩子就会尽量避免与父母接触，什么都不愿意告诉父母，双方的隔阂就会日渐加深。

（4）父母要针对孩子的个性和年龄，使用不同的教育方法。

不同年龄段的孩子有不同的心理特点，和该年龄段特有的气质。要想让孩子听话，父母需要掌握沟通的时机。

与孩子说话，不是你想什么时候说就什么时候说。如果孩子在专心学习，或者在做他喜欢的事情，或者情绪不佳时，父母说的话就算有道理，孩子也是听不进去的。因此，父母要根据孩子的具体情况选择合适的时机，然后再与孩子进行交流。

（5）父母要注意运用恰当的语气和声调。

什么是恰当的语气和声调呢？恰当的语气能够让孩子感受到温暖，恰当的声调能够让孩子抓住说话的重点。强烈、急迫的声调虽然在管教上有其意义，但是如果情况不需要就不要轻易使用，以免孩子适应了这样的声调后，丧失了敏锐的观察力。

（6）父母要避免说“我命令你”“我只说一遍”“你要是不听话我就……”“你个笨蛋”“我对你太失望了”等包含责备、威胁、谩骂、指挥、命令、警告的语句。

（7）父母要避免唠叨。

有调查显示，如果父母说话不讲究重点，一直在孩子面前喋喋不休，那么你的真实用意往往会和“废话”（如抱怨、责备或者絮叨）杂糅在一起。如果你把对孩子的要求和很多其他事情混在一起没完没了地说个不停，孩子最后接收到的只是大量杂乱的信息。所以，父母讲话要简洁。

每一次的亲子沟通，既可以是增进彼此关系的纽带，也可以是将双方越推越远的阻碍。父母和孩子之间能否拥有良好的关系，取决于父母是否真的掌握了沟通技巧，是否真的做到了尊重孩子。

所以，亲爱的父母们，不要总是抱怨孩子不听话，父母才最需要学习和孩子说话的技巧。父母只有学会沟通，才能真正理解孩子。

**小贴士**

父母与子女之间的沟通是最重要的家庭教育。如果不重视亲子间的有效沟通，孩子是无法顺利成才的。父母掌握了说话的技巧，孩子才会对父母的教育表示认同，变得积极主动起来。

## 做好情绪管理，让孩子从小就有高情商

“老师，我家孩子特别容易着急，穿不上衣服着急，饭菜凉了着急，鞋子脏了着急，各种事都能让他着急。他一着急我就会更着急，这都是些小事，他为什么那么着急呢？就说上一次，他爸爸出差回家忘记给他带礼物了，他直接就开始大叫，我使劲凶他也不管用。老师，你说他是怎么回事呢？”

咨询室里，一位妈妈控诉自己6岁的孩子总是爱着急，自己也因此提前进入更年期。随着咨询的深入，我发现，这个家庭中父母由于工作原因需要长期出差，家里经常是老人陪孩子，父母对孩子的陪伴严重不足，孩子长期缺乏父母对他的关爱，所以情绪上很容易出现巨大的起伏。而父母对于孩子的激烈情绪，不但没有给予包容，反而进行压制。

儿童心理学研究表明：6岁之前是孩子个性发展和品格培养的关键期。在这个时期，儿童的情感经验会对他的一生产生深远影响。如果这个时期孩子表现出急躁、易怒等情绪，而这些情绪又没有得到有效疏通的话，对孩子产生持久的负面影响，不利于孩子的身心健康与人际关系的发展。

现在我们认识到了情绪对于儿童发展的重要性，父母需要帮助孩子学习情绪管理，让孩子能识别、了解和管理好自己的情绪，学会理解他人，做高情商儿童。

什么是情绪管理呢？简单来讲，就是通过父母的示范，让孩子有

正确表达各种情绪的能力，并学会倾听他人，学会欣赏他人的优点。

孩子的成长离不开良好的情绪管理能力。当孩子学会正确表达情绪后，他的身心健康就会得到良好的发展，人际沟通能力和解决问题的能力也会得到提升。

### 0~2 岁：孩子的情绪需要及时回应

婴儿来到这个陌生的世界上，他们的情绪反应大多是由某种生理反应引发的，例如饥饿和寒冷。这些生理反应会让婴儿感到恐惧和焦虑，他们会通过喊叫和哭泣来表达自己的感受。在这个时期，父母应尽可能敏锐地觉察到婴儿的各种情绪，并及时做出回应，这样可以帮助婴儿缓解焦虑。

在这个时期，婴儿会通过学习成人“消化焦虑”的能力来帮助自己。在这个过程中，婴儿的身心得到了发展，“焦虑是可以处理的”这个信念扎根于婴儿的内心。这个信念为他以后的能力（包括情绪管理能力）发展奠定了坚实基础。

如果父母能平静地应对婴儿的哭闹，婴儿的焦虑就会得到缓解。

如果母亲发现孩子尿湿了，立刻就帮孩子换尿布，并用温柔的声音说：“宝宝，湿尿布让你很难受，等妈妈帮你换好后你的小屁屁就舒服了。”虽然孩子还不能理解母亲的话语，但母亲温柔的语气和平和的语调就足以让孩子感到放松。

### 3~5 岁：教孩子认识并体察情绪

随着儿童的语言表达能力和理解能力的提升，父母可以开始借助简单的语言交流，帮助孩子进行情绪管理。当儿童出现某种情绪时，父母可以简单告知孩子这种情绪叫什么，为什么会产生这种情绪。

父母先让孩子知道情绪的名称，让他们意识到自己当下的情绪是可以被观察、被认识和被理解的。比如看到孩子饿了，父母在给孩子准备食物的同时，可以对他说："宝宝饿了，所以你很着急。"当孩子被鞭炮声惊吓时，父母可以跟他解释："鞭炮声太响把你吓到了，你感到很害怕。"

当孩子已经熟悉某种情绪的名称时，父母可以带领他更深入地体会这种情绪。比如"害怕"，父母可以借助多种方式，如绘本故事、自己的亲身经历等，让孩子理解感到害怕的多种原因：看到凶猛的动物、独自一人留在某地、听到激烈的争吵。

压制孩子的情绪，对于这个年龄阶段的孩子来说是不人道的。如果孩子哭闹，父母大吼："不许哭！"孩子会觉得自己的情绪不被接纳。父母不妨对他说："等你哭一会儿后感觉不那么伤心了，我们就停下来好吗？"如果父母能耐心倾听孩子哭闹的原因，对孩子来说最好不过了。

### 5岁以上：自我管理，理解他人

5岁以上的孩子已经有了理解他人的能力，父母可以教孩子如何做情绪的主人，如何理解他人。让孩子知道表达情绪带来的结果，良好的表达会让生活更美好，而表达方式不恰当则会让别人感觉很糟糕。比如有的孩子不会合理表达自己的愤怒，他会选择通过打人或者自我伤害的方式来表达。

遇到这种情况，父母一定要及时制止孩子，并告诉他有更好的表达方式，比如可以大喊："我生气了！"

当孩子激动时，父母可以握住他的手，平静地说："我知道你现在很生气，你很想去打他，我能理解，他的行为让你感到非常气愤。同时我也知道，你是可以控制好自己的情绪的。你可以试着告诉妈妈，看妈妈能不能帮到你，好吗？"

情绪本身没有好坏之分，孩子需要控制的不是情绪本身，而是情绪爆发后产生的不良行为。

很多时候，孩子会向父母学习，如果父母自身情绪管理能力强，孩子也会成为情绪管理的高手。

所以，要想培养一个情绪稳定的孩子，父母要做的是稳定好自己的情绪。

还记得前文提到的妈妈吗？现在的她，每天一定要拿出 1~2 小时的时间来陪伴孩子，温柔地和孩子说话，而孩子暴躁、着急的情绪在妈妈的安抚下，正在慢慢消失不见。

培养孩子的稳定情绪，除了要学习各项专业知识，还要从稳定好自己的情绪开始。所以父母们，加油啊！

**小贴士**

现在我们认识到了情绪对于儿童发展的重要性，父母需要帮助孩子学习情绪管理，让孩子能识别、了解和管理好自己的情绪，学会理解他人，做高情商儿童。

## 营造和谐亲子关系的关键：尊重孩子

有一个很有意思的现象：每次我讲到“尊重”这个话题时，就有家长问我：“罗老师，我倒是想尊重孩子，遵从孩子的想法。可是孩子毕竟经验少，阅历少，考虑得少，很多时候他们可能会走弯路，这种情况咱也要尊重孩子吗？咱要眼睁睁地看着孩子犯错吗？”

我当时反问了他一句：“你是希望孩子小时候按照你的话去做，长大后按照领导的话去做，还是希望他从小就有自己的想法，长大后追逐自己的理想呢？”

如果父母能对这个问题深入思考，就会理解孩子对尊重的渴望程度和成人是一样的。

如果一个孩子从小生活在被尊重的氛围里，他就敢于按照自己内心真实的想法去拼搏，因为他知道，无论结果如何，父母都是支持自己的。

如果孩子从父母那里得到了尊重，那么他也会逐步建立起尊重他人的意识。

孩子不是机器人，他们也有丰富的情感。父母只有充分尊重孩子，才能让他们得到身心的全面健康发展，自尊心的养成离不开父母的尊重。

### 1. 尊重儿童发展的自然规律

有调查显示：上海5岁以上儿童出现睡眠障碍（如遗尿、磨牙、夜惊、梦呓、梦游等）的发生率接近47%，其中很重要的原因在于学习压力过大。

很多父母不顾孩子的发展规律，让孩子从幼儿园就开始练字，上小学就开始做奥数题，这种学习方式严重违反了儿童自身的发展规律。当孩子不能按照家长的期待完成任务时，很多家长只会采用批评、打骂等粗暴的方式教育孩子，只许孩子赢，不能接受孩子的失败。

父母这样做，没有做到尊重孩子的发展规律。

真正尊重孩子的父母，会认真研究各个年龄段孩子的发展规律，提前了解小学生和青春期的孩子都有哪些心理特征，自己该如何正确地和孩子沟通，该如何帮助孩子一起解决问题，这才是尊重孩子的做法。

### 2. 尊重孩子的自我意识和独立人格

孩子："妈妈，我要自己拿筷子。"

妈妈："不行，你会把菜弄掉的。"

孩子："妈妈，我要自己骑车出门。"

妈妈："不行，车太多了，容易出事。"

孩子："妈妈，我想自己上学。"

妈妈："不行，你还小，还是我送你吧。"

等孩子再大一点儿。

妈妈："你连鞋子都不刷，怎么这么懒呢？你都这么大了，怎么出门还要爸妈陪着呢？"

这些对话是不是很耳熟？几乎每个妈妈都拒绝过孩子的要求。

随着孩子自我意识的增强，他们会在两三岁时出现"第一叛逆期”。这个阶段的孩子会常说：“不，我自己来。”他们渴望自己做每件事情，这是孩子成长过程中的正常现象。

但很多父母不能理解这种现象，他们会找出各种理由，比如时间紧、怕孩子受伤，阻止孩子去做他想做的事情。

父母要意识到，孩子的独立意识在一天天增强，他需要父母的信任和支持，需要自己独立的空间和自由支配的时间，需要拥有自主权。

### 3. 尊重孩子的自由空间

现在的孩子除了基本的生活需要外，更需要父母的理解、尊重。父母要给孩子一定的自主权，让他们可以自由选择和探索。

如果孩子做事比较慢，爸爸妈妈心里肯定会着急，催吧，很可能越催越慢，还要发一通火；不催吧，时间就这么白白耽误了。

其实，父母需要先理解孩子为什么磨蹭，才能解决孩子磨蹭的问题。

无论 1 岁还是 6 岁的孩子，都会本能地讨爸爸妈妈开心。父母的要求，孩子都会尽力去做。孩子在 3 岁之前很少故意磨蹭，如果孩子做事情慢，一般有两个原因：动机不足和能力不够。

第一，动机不足，孩子对这件事真的不感兴趣，如果今天的饭不好吃，或者自己不饿，孩子就吃得慢；如果孩子讨厌脱衣服时冷飕飕的感觉，就会迟迟不肯脱衣服。

第二，能力不足。比如，妈妈想让孩子用 2 分钟的时间迅速穿上衣服，可是孩子的动手能力还比较差，穿个袜子都要穿 2 分钟；孩子的注意力容易分散，很容易被其他事情吸引，忘了衣服还没有穿上。根本原因是孩子能力不足，没有时间概念。

相比催促，更有效的方法是理解和尊重孩子的慢，在孩子磨蹭的时候，找到原因，因势利导。

教育学家苏霍姆林斯基曾说过："要教育好孩子，就要不断提高教育技巧。要提高教育技巧，就需要家长付出个人的努力，不断修炼提升自己。"

尊重两个字，不仅仅是嘴上说说而已。

所以，从现在开始，从今天开始，家长要紧跟孩子成长的脚步，帮助孩子更好地成长。

**小贴士**

如果一个孩子从小生活在被尊重的氛围里，他就敢于按照自己内心真实的想法去拼搏，因为他知道，无论结果如何，父母都是支持自己的。

## 请远离“别人家的孩子”

我们经常会发现，很多家长都生活在比较之中：“你看隔壁谁谁谁考了满分。”“你看你表姐乐器都考了10级了。”“你以前的同学现在都考上‘211’了。”最后还会加上：“你怎么这么不争气？真是太丢人了！”

这些父母口中司空见惯的话，对孩子的成长会有多大的影响也许很多父母从来没有仔细想过。

设想一个场景，你的孩子如果对你说：“谁谁谁的妈妈比你漂亮多了。”“谁谁谁的爸爸是大企业家。”“谁谁谁过生日时他家长送他一套名牌衣服，价值上万呢。”最后再加一句：“你们怎么这么没用？”试问你会是什么感受呢？

拿自己的孩子与别人家的孩子进行比较，会让孩子产生自卑心理。

在心理学中，有一个经常被提到的概念——投射，即一个人把自己的情感和想法附加在了另一个人的身上。

当孩子接受并认同了父母对他的投射后，他就会变得像父母认为的那样——不如别人家的孩子好。

孩子慢慢长大，当他遇到自己做不到的事情时，就会不自觉地告诉自己：“我本身就不好，我就是这么不争气！”这样一来，一颗自卑的种子就在孩子的心中慢慢生长了。

其实，孩子最在意的是父母对他的看法，如果父母认为孩子不如其他人好，孩子就会产生深深的自卑感，认为自己的能力本来就差，浑身都是缺点，这样的孩子根本不可能自信。

拿自己的孩子与别人家的孩子进行比较，会让孩子没有价值感。

当父母责骂自己的孩子样样都比别人差时，孩子会觉得自己没有存在感，不知道自己的价值在哪里。

如果一个人在幼年时期没有从父母那里得到足够的价值感，那么他成年后也很难去完成“自我价值的实现”（人本主义心理学家马斯洛提出的概念）。

如果一个孩子被贴上了负面标签，他会认为自己一无是处。家长和老师看不到孩子内心渴望被认同的需求。被贴了负面标签的孩子只会从被比较中感到挫败，这无疑是种极大的伤害。

拿自己的孩子与别人家的孩子进行比较，会让孩子失去与自我的联结。

在被比较中，孩子会慢慢意识到，正是由于父母对别人家孩子的欣赏、羡慕和肯定，让自己无法得到父母的爱。只有自己做到别人那么优秀、那么完美，才能得到父母的爱。

如果孩子长期处于这种认知中，他就会越来越在意外界的评价，依靠外界的评判标准来驱动自己，在实际生活中缺乏必要的动力，压抑自己的感受和情绪，失去了与自我的联结。

孩子对父母有着本能的爱，他们不在乎是否失去自我，他们会按照父母希望的那样去做，仅仅是为了得到父母的爱。

这样的孩子在成年以后会经常感到迷茫，不知道自己的真实需要。他们无论在生活和工作中，还是在人际交往，乃至在亲密关系中，都无法正常表达自己的感受和想法。

成熟的父母，要拒绝拿自己的孩子与别人家的孩子比较，要帮助孩子建立自信，帮助孩子找到自己的价值。不管别人怎么样，都不能影响孩子自身的成长。

### 1. 家长应成为孩子的好榜样

不同家庭的家教、家风不同，教育方式不同，孩子也会呈现出不同的特点，有的孩子喜欢跳舞，有的孩子热爱足球，有的孩子喜爱阅读，有的孩子擅长演算。

我们都知道父母对孩子的影响深远，是孩子的影印原版，父母如果脾气暴躁，孩子也很难拥有温柔和善的脾气。因此，父母要在生活中规范自己的言谈举止，只有自己身体力行，孩子才会养成良好的习惯。

### 2. 善于用发展的眼光看待孩子

每个孩子都有闪光点，家长要具备发现孩子优点的能力，学会用发展的眼光看待孩子。

发展需要过程和时间，可能孩子今天还不分不清“b”和“d”，家庭作业做得不如别人家的孩子好，可也许到了明天，孩子就可以把作业做得很好。

父母要坚信，孩子今天不会做，不代表明天不会做；孩子今天不如别人家的孩子做得好，不代表明天不会超过他。

父母要学会欣赏孩子的每一点儿进步，而不要以挑剔、贬低的眼光看待孩子。只要孩子有一点儿微小的进步，父母就要及时夸奖孩子，提升他的信心。

孩子的品行和习惯，在很大程度上受到父母的影响。父母不仅要重视对孩子的教育，更要注重教育的方式、方法，以身作则。

如果父母做不到这些该怎么办呢？想象一下，当你的孩子脸上带着笑意，眼中闪着兴奋的光，张开双臂向你飞奔而来时，你的心里会不会非常感动？孩子都可以这样做，身为父母的我们，为什么不可以呢？

**小贴士**

孩子最在意的就是父母对他的看法，如果父母认为孩子不如其他人好，孩子就会产生深深的自卑感。

## 试着做学习型父母

著名教育实践家和教育理论家苏霍姆林斯基曾说：“对一个家庭来说，父母是根，子女是花朵。”如果父母看到孩子开出了“破败的花朵”，请认真思考一下，父母作为这个家庭的根，是否足够的健康。健康茁壮的根不一定开出艳丽的花朵，但是艳丽花朵的生长一定离不开健康茁壮的根。

每个孩子的先天差异其实并不大，为什么后天的行为习惯迥异呢？究其根源，还是在于后天的家庭环境，金子埋入烂泥里也会失去光泽。

有这样一个事例：孩子小时候非常聪明，可以称之为“天才儿童”。可是很不幸，他爸爸是个赌徒，弄得家里整天乌烟瘴气，孩子每天放学回家，连口热饭都吃不上。久而久之，孩子对学习失去了兴趣，到了初中就迷上了网络游戏。他爸爸这个时候想管，但孩子甩出一句：“你自己每天就知道赌，有什么资格来管我？”让父亲哑口无言。

倘若给这个孩子换一个家庭环境，他还会这样吗？

如果父母有成为学习型父母的意愿，希望和孩子共同成长，对于孩子来说，无疑是非常幸运的。

父母为什么要与孩子一起成长呢？

长期以来，我们都把成长看成是孩子的事情。其实不然，成长是父母与孩子共同的事情。

首先，成长是人生重要的使命。

成长是一个人自身变得更好、更成熟的过程。从这个意义上说，每个人都需要不断学习才能不断成长。然而，我们往往把成长看成是一个阶段性的任务，只有在学校里才能完成，一旦离开学校就可以不再学习、不再成长了。

其实，这是教育的最大失败，因为成长本身是一种习惯、一种能力。今天，父母仍然面临着成长的艰巨任务，成长仍然是父母的重要使命。

其次，父母是孩子成长过程中的楷模。

孩子是最伟大的观察家，他们一直在观察父母的行为、模仿父母的举止。父母的点点滴滴都会成为孩子学习的模板，孩子通过长时间的模仿把父母的习惯变成了自己的习惯。所以，父母需要不断成长，才能成为孩子模仿的良好榜样。

再次，一起成长才能更好地成长。一个人走可以走得很快，一群人走却能走得更远。

父母仅仅关注自己的成长是不够的，如果只用自身经历和自己认同的榜样来教育孩子，效果往往不明显。成长需要情境，当孩子置身于成长情境中时，他自己也有了成长的动力。

成长情境让父母和孩子都会有收获。当父母和孩子一起做一些促进成长的事时，如锻炼、阅读、旅行，父母和孩子就处在了一个成长情境中，双方可以互相促进，孩子获益多多，也会促进父母的成长。优秀的父母更容易培养出优秀的孩子；反过来讲，优秀的孩子也会让父母变得更优秀。

如何做到亲子共同成长呢？这当然离不开父母的自觉意识。当父母用心思考并对共同成长进行努力探索时，亲子共同成长的目标就很容易实现了。

### 1．“儿童是成人之父”

提出“儿童是成人之父”的教育家蒙台梭利指出，“儿童”并不是指身体上的儿童，而是指心理上的儿童。只要能用儿童的视角看待这个世界，无论年龄大小，都是我们这里说的“儿童”。

父母总认为是自己创造了儿童的生命，其实不然，儿童是自然之子，是自然赐予父母的精灵。我们都经历过儿童期，但是又有几个成人还记得自己孩童时的模样，还愿意向儿童学习呢？从这个角度来说，父母对儿童仍然很陌生。所以，父母应在精神上回到儿童期，向儿童学习，常怀赤子心。

### 2．理想是成长之魂

家庭教育让孩子变得有梦想、有追求的关键是要用理想点燃理想，用激情引发激情。孩子的成长不是一蹴而就的，有追求的父母才能养育出有追求的孩子。追求不是指知识的获取，不是指特长的训练，而是指精神的成长。

孩子能拥有宽广的胸襟、强大的精神动力，都是良好家庭教育的结果。

### 3．习惯是成长之本

养成良好的习惯在个体成长的历程中特别重要。心理学研究表明，人在成长中会形成各种各样的习惯。这些习惯常常带有无意识的属性，它们与有意识的心理活动共同影响着人的思维、语言、行为，形成了人对外部世界的基本反应。

习惯即人生，良好的习惯能够帮助孩子形成正确的生活态度和科学的学习方法，进而培养出高尚的品德和卓越的能力，让孩子拥有健康、幸福的人生。所以，父母需要培养良好的习惯，用言传身教来引导孩子养成良好的习惯。

#### 4. 家庭是成长之源

家庭是人生开始的地方，孩子最初是从家庭中得到了物质与精神的滋养。

当父母意识到抚养子女是对自己精神生命的二次升华时，父母就不会把养育孩子仅仅当成一项任务去完成。万物皆有隙，从来都没有完美的童年。如果父母能处理好教育孩子时遇到的种种问题，就能够帮助自己化解自身成长中存在的问题，实现精神生命的二次升华。

教育孩子仅仅是家庭教育的一部分，更大一部分来自父母的自我教育。成长是父母和孩子共同的成长，如果父母不成长，孩子的成长也会停滞不前。

**小贴士**

成长从来都不是孩子一个人的事情，它需要父母的陪伴与父母的自我成长。父母好好学习，孩子才能天天向上。